Manuel de références et d'exercices d'économie à utiliser avec le volume II. Problèmes économiques modernes

Frank A. Fetter

Writat

Cette édition parue en 2024

ISBN : 9789359942216

Publié par
Writat
email : info@writat.com

Contenu

AVANT-PROPOS

Ce manuel suit les lignes du « Manuel de références et d'exercices », publié à l'automne 1916, pour accompagner le volume sur les principes économiques.

La littérature sur le domaine traité dans « Problèmes économiques modernes » est désormais si vaste que seuls quelques titres pourraient être inclus dans les listes suivantes. Les références données sont généralement les plus récentes de celles qui pourraient être utiles aux étudiants désireux d'approfondir les sujets.

L'ensemble des questions et des exercices est basé sur la liste imprimée, pour la première fois en 1904 et considérablement élargie en 1910, dans les « Principes d'économie » de l'auteur. De nombreux éléments ont été ajoutés qui ont été façonnés et utilisés dans le cadre de travaux en classe à l'Université de Princeton, et quelques autres problèmes ont été tirés de, ou suggérés par, d'autres listes publiées. Le plan consistant à indiquer les sources originales d'un certain nombre de ces questions s'est avéré trop difficile à réaliser pour la présente édition. En effet, il semble que de nombreux problèmes de tests soient devenus un héritage commun pour les professeurs d'économie, et on peut difficilement en être sûr lorsqu'on remonte les idées jusqu'à leurs sources originales. Certains d'entre eux sont apparus sous des formes quelque peu différentes dans diverses listes depuis un demi-siècle.

Nous remercions tout particulièrement mes collègues, les professeurs Adriance et McCabe, qui ont conçu un certain nombre de questions à utiliser en classe ; et au Dr Stanley E. Howard, qui a apporté une aide très précieuse à la préparation de ce manuel sous sa forme actuelle.

FAF

Princeton, New Jersey, février 1917.

CHAPITRE 1
RESSOURCES MATÉRIELLES DE LA NATION

LES RÉFÉRENCES. (Ceux marqués d'un astérisque (*) sont les devoirs les plus courts et les plus applicables.)

Adams, CC , Géographie commerciale. 1906.

Marsh, GP , L'homme et la nature : ou la géographie physique modifiée par l'action humaine. 1864. (Éditions ultérieures sous le titre « La terre modifiée par l'action humaine. »)

* *Materials* , 58-61 (Extrait de *Mason, OT* , Technogeography , ou la relation de la terre aux industries de l'humanité. American Anthropologist, 7 : 135-158. 1905) ; 61-66 (extrait de *Semple, EC* , Influence de l'environnement géographique. 1911.)

Smith, JR , Géographie industrielle et commerciale, 1913.

* *Livre source* , 292-302 (extrait de) ; *Daniels, WM* , Les causes économiques affectant l'histoire politique des États-Unis. Magazine des comptables, mai 1907.

Teele, RP , L'irrigation aux États-Unis. 1915.

Trotter, S. , La géographie du commerce. 1903.

Recensement des États-Unis , 1910. Volume sur la richesse, la dette et la fiscalité.

Van Hise , *CR* , Conservation des ressources naturelles. 1910.

DES QUESTIONS.

1. Quelle relation peut-on observer entre les conditions industrielles générales et la richesse par habitant ? Entre le caractère du peuple et la richesse par habitant ? Les pays peuvent-ils être regroupés géographiquement selon la richesse par habitant ?

2. Comment les États-Unis se comparent-ils à d'autres pays en ce qui concerne les quantités et valeurs estimées des produits céréaliers ? Fibres textiles ? Charbon? Minerai de fer et de cuivre ? Présentez les résultats de votre étude sous forme de tableau.

3. À partir des rapports du treizième recensement, préparez un état sous forme de tableau montrant la répartition géographique de nos principales sources intérieures d'approvisionnement en principales céréales, en bétail pur, en fibres textiles , en charbon, en minerai de fer et en minerai de cuivre, et en le pouvoir de l'eau.

4. Quelles conditions physiques expliquent la grandeur de l'Égypte ancienne, de Venise, de la Hollande, de l'Angleterre, des États-Unis ?

5. La ligne isotherme a-t-elle un rapport avec le nombre de millionnaires ?

CHAPITRE 2
LE SYSTÈME ÉCONOMIQUE ACTUEL

LES RÉFÉRENCES.

Cooley, CH , Nature humaine et ordre social. 1902.

Cooley, CH , Compétition personnelle. Amer. Écon. Assn., Écon. Études, 4 : 78-173. 1899.

* *Ely, RT* , La concurrence : sa nature, sa permanence et sa bienfaisance. AE Assn. Pubs., 3e série, 2 : 55-70. 1901.

Ely, RT , Evolution de la société industrielle. 1903.

Ely, RT , Propriété et contrat dans leur relation avec la répartition des richesses. 1914. (2 vol.)

Giddings, FH , Les âges économiques. PSQ, 16 : 193-221. 1901.

* *Gray, John H.* , Économie et droit. AE Rev., 5 (n° 1, sup.) : 3-23. 1914.

Kinley, David , L'extension renouvelée du contrôle gouvernemental sur la vie économique. AE Rev., 4 (n° 1, sup.) : 3-17. 1914.

Schmoller, Gustav , Le système marchand. Trans. par Ashley, 1896.

DES QUESTIONS.

1. Énoncer brièvement et critiquer les théories sur l'origine de la propriété privée.

2. Quelles ont été les théories avancées pour justifier le système de propriété privée dans le passé ?

3. Dans le cadre de la propriété privée, les hommes peuvent-ils se plaindre de l'usage que d'autres font de leurs richesses, simplement parce que cela n'est pas judicieux ?

4. Quelles sont les limitations reconnues au droit de propriété privée ? Ces limitations sont-elles en contradiction avec le principe selon lequel la propriété privée est désormais généralement défendue ?

5. Le droit de legs est-il une condition nécessaire de la propriété privée ?

6. Connaissez-vous un père qui a créé plus de richesse parce qu'il pouvait la léguer à son fils ?

7. Le fils travaille-t-il autant lorsqu'il hérite de la richesse de son père ?

8. Quel est l'effet de la propriété privée sur l'épargne ?

9. Qu'entend-on par « système d'usine » ?

10. Par quelles étapes historiques la production est-elle passée ?

CHAPITRE 3
NATURE, UTILISATION ET MONNAIE DE LA MONNAIE

LES RÉFÉRENCES.

Jevons, WS , L'argent et le mécanisme d'échange. 1875. Ch . . III-VII, XIII.

* *Johnson, JF* , Argent et monnaie. 1905. Ch . . I, II, IX.

* *Phillips, CA (Ed.)* , Lectures en matière monétaire et bancaire. 1916. Ch . . I-III, XIV.

Walker, FA , L'argent dans ses relations avec le commerce et l'industrie. 1ère éd. 1879. Ch . . Moi, II.

White, Horace , Argent et banque illustrés par l'histoire américaine. Éd. 1914. Livre. JE.

DES QUESTIONS.

1. Quelles sont les qualités de la monnaie métallique ?

2. Quelle est la difficulté de décider s'il faut appeler la monnaie suivante : lingots d'or, pièces d'or, dollars en argent, centimes de cuivre, billets verts, chèques bancaires, marques à la craie pour tenir un compte ?

3. Qui fabrique les pièces ? Les bijoutiers en feraient-ils de meilleurs ?

4. Quels sont les avantages et les inconvénients d'un impôt de seigneuriage ?

CHAPITRE 4
LA VALEUR DE L'ARGENT

LES RÉFÉRENCES.

Fisher, Irving , Le pouvoir d'achat de l'argent. 1911.

Gibson, Thomas , Lettres spéciales du marché sur l'offre croissante d'or et ses effets sur la valeur des titres ; taux d'intérêt; prix des matières premières, etc. 1908.

* *Johnson* , ch . III-VIII, X.

Kemmerer, EW , Monnaie et instruments de crédit dans leur relation avec les prix généraux. 2e éd. 1909.

Magee, JD , Argent et prix. JPE, 21 : 681-711, 798-818. 1913.

* *Phillips* , ch . VIII, XI.

Table ronde , Argent et prix. AE Assn. Bul., 4e série, 1 (n° 2) : 46-70. 1911.

* *Livre source* , 303-313. (Extrait du rapport du secrétaire au Trésor, 1911.)

Secrétaire au Trésor des États-Unis , Rapport financier, 1911.

Walker, FA , chs . IV, V.

DES QUESTIONS.

1. Quelles sont les fonctions de la monnaie ?

2. Quelles sont les principales choses, outre l'utilisation de l'argent, qui provoquent une demande d'or et d'argent ?

3. Pourquoi accordez-vous de la valeur à l'argent ? L'appréciez-vous plus que les choses qu'il achète ?

4. Lorsque des biens sont échangés contre de l'argent ou de l'argent contre des biens, quel est le gain ?

5. Si l'argent est un outil, que rapporte-t-il ?

6. Lorsque l'or sort de la mine, le gain pour la communauté est-il plus ou moins grand que lorsque la même valeur de céréales est récoltée ?

7. Les hommes sont-ils riches proportionnellement à l'argent qu'ils possèdent ? Les pays sont-ils ?

8. Une nation serait-elle plus pauvre si, comme Sparte, elle interdisait tout argent ?

9. Une communauté est-elle pauvre parce qu'elle a peu d'argent en circulation ou a-t-elle peu d'argent en circulation parce qu'elle est pauvre ?

10. Un pays pourrait-il mieux se passer d'argent, de chevaux ou de routes ?

11. Pourquoi presque tout l'or produit en Californie quitte-t-il l'État ? Qu'est-ce qui en retient là ?

12. Le prix d'une once d'or, d'une amende de 0,900, est le même à San Francisco et à Philadelphie, 18,604 $. Pourquoi l'or est-il expédié de Californie à New York ?

13. L'or coûte-t-il autant au travailleur journalier en Californie qu'à New York ?

14. Notez les habitudes de vos amis qui font qu'ils transportent plus ou moins d'argent que d'autres ayant le même revenu.

15. Qu'est-ce qui détermine la somme d'argent dont ont besoin les différentes personnes, villes, États et nations ?

16. Donnez des exemples de choses qui augmentent la demande de monnaie.

17. Sur une île isolée, la valeur de la monnaie ferait-elle une différence s'il n'y avait qu'une seule mine d'or ou plusieurs mines concurrentes, en supposant que la production soit la même ?

18. Quel pour cent. de la monnaie totale du monde est la production annuelle d'or ; d'argent; d'or et d'argent ? Stat. Abs .

19. La valeur de l'or et de l'argent est-elle due à l'action du gouvernement ?

20. De quelles manières le gouvernement peut-il déterminer la valeur de l'étalon monétaire ?

21. Si le nombre de toutes les différentes dénominations des moyens d'échange doublait, les échanges restant inchangés, quel serait l'effet sur les prix ?

22. Est-il vrai pour tous les produits que les changements dans l'offre affectent leur valeur proportionnellement ? Est-ce vrai pour l'argent ? Si à votre avis il y a une différence, expliquez-la.

23. Si la quantité de charbon dans un pays devait être augmentée de vingt-cinq pour cent, dans quel pourcentage vous attendriez-vous à ce que la valeur du charbon change ? Donne des raisons. Si la quantité de monnaie dans un pays devait être augmentée de vingt-cinq pour cent, dans quelle direction et dans quel pourcentage la valeur de la monnaie changerait-elle ? Donne des

raisons. (Dans chaque cas, la condition est « toutes choses étant égales par ailleurs ».)

24. Si dans une communauté donnée, tous les boîtiers de montres étaient en or et que chaque boîtier contenait une once d'or, vous attendriez-vous à ce que la valeur des boîtiers de montres diminue exactement de moitié si le nombre de boîtiers de montres dans la communauté était doublé. , toutes les autres choses restant les mêmes ? Si dans une autre communauté (à une autre époque) tous les échanges se faisaient exclusivement au moyen de pièces d'or, chacune contenant une once d'or pur, vous attendriez-vous à ce que les prix en général soient exactement doublés au cas où aucun changement ne se produirait dans la communauté, sauf un changement. doubler le nombre de pièces en circulation ?

25. Pourquoi un recours accru au troc pourrait-il produire sur le niveau général des prix monétaires des effets similaires à ceux produits par un recours accru aux moyens d'échange de crédit ?

26. Qu'est-ce qui donne naissance à la croyance parfois répandue selon laquelle la monnaie est un étalon de valeur invariable ?

27. Définir la dépréciation et l'appréciation de la monnaie. Quelles causes peuvent produire l'une ou l'autre ? Quels sont les effets de l'un ou l'autre ? Plus généralement, qu'est-ce qui détermine la valeur de la monnaie ?

28. Si l'or devenait aussi abondant que le fer, vaudrait-il plus ou moins que le fer ?

29. Une nation n'ayant pas de commerce extérieur avait originellement en circulation un million de pièces, chacune appelée florin, et contenant chacune une once de métal pur. A cette circulation originale de pièces de monnaie , le gouvernement ajoute 500,000 florins contenant chacun une demi-once de métal pur, et en même temps le gouvernement ajoute à la circulation 600,000 florins sous forme de papier inconvertible. Le florin d'une demi-once et le florin en papier ont tous deux, selon la loi, cours légal pour un florin de poids total. En l'absence de toute tendance à faire une distinction entre l'acceptation de différentes sortes de florins dans le commerce intérieur, et en l'absence d'autres changements dans la situation monétaire, sauf ceux rendus nécessaires par les ajouts susmentionnés au moyen de circulation, disons d'abord quel sera finalement le montant de la monnaie. nombre de florins en circulation, et donnez vos raisons ; et dites, deuxièmement, de quelles sortes de florins et dans quelles proportions le moyen de circulation ultime sera composé.

30. Supposons un pays utilisant uniquement l'or comme monnaie et ayant en circulation 2 000 000 de pièces, dans le cadre d'un système de monnaie libre. Quel serait l'effet de la fermeture des ateliers de monnaie et de l'émission de

1 500 000 nouvelles pièces contenant neuf dixièmes d'or que les pièces mentionnées ci-dessus, en supposant que le nombre de marchandises échangées reste le même ? Explique clairement. Quelle est la quantité totale de ces nouvelles pièces que le gouvernement peut émettre et maintenir en circulation ? Explique clairement.

31. Un pays utilisant la monnaie d'or comme unique moyen d'échange, sous monnaie libre et gratuite, opère le changement suivant : il impose une taxe de seigneuriage de dix pour cent, mais sans renoncer à la monnaie libre ni réduire la quantité d'or fin en circulation. la pièce. Dans quelle mesure et dans quelle direction la valeur de la monnaie changera-t-elle, le cas échéant

(a) si le nombre de biens échangés augmente progressivement de cinq pour cent ;

(b) si le nombre de biens échangés augmente progressivement de vingt-cinq pour cent.

Donnez clairement vos raisons.

CHAPITRE 5
MONNAIE FIDUCIAIRE, MÉTAL ET PAPIER

Les références.

* *Jevons* , ch . VIII, XVII, XVIII.

* *Johnson* , ch . XIII-XVI.

Kemmerer, EW , Réformes monétaires modernes. 1916.

* *Phillips* , ch . IV, V, XII.

Directeur de la Monnaie des États-Unis , Rapports annuels.

Walker , ch . VIII-XII.

Blanc , Livre. II, ch . III-VI.

Des questions.

1. Lorsque 5 160 grains d'or standard (c'est-à-dire neuf dixièmes en poids, l'autre dixième étant composé de l'alliage utilisé dans la pièce d'or des États-Unis) se vendent à New York pour 201,25 $, le « point de saturation » monétaire a-t-il été atteint ? ou dépassé, et les lingots seront-ils amenés à la Monnaie ou la pièce de monnaie sera-t-elle fondue ou exportée ?

2. Définissez le cours légal appliqué à l'argent. Qu'entend-on par monnaie fiduciaire ?

3. Est-ce qu'il s'agit d'un produit de base en dollars en argent standard des États-Unis ou d'une monnaie fiduciaire ? Qu'est-ce qui détermine sa valeur ? Quelle est l'importance de sa qualité de cours légal ?

4. La disposition légale selon laquelle les pièces d'argent fractionnées des États-Unis ont une teneur en argent moins proportionnelle que le dollar en argent standard est-elle nécessaire aujourd'hui ? Est-ce utile? Donne tes raisons.

5. Dans quelles conditions la « mauvaise monnaie » ne parviendra-t-elle pas à évincer la « bonne monnaie » de la circulation ?

6. Dans quelles circonstances une monnaie qui n'est en fait pas convertible en une autre monnaie aura-t-elle une valeur plus grande que la matière dont elle (la première monnaie mentionnée) est constituée ? Donnez un exemple tiré de l'expérience monétaire des États-Unis.

7. Dans un pays qui a eu jusqu'ici un monnayage libre et gratuit de l'or, le gouvernement institue une taxe de seigneuriage de cinq pour cent. en réduisant d' autant la quantité d'or mise dans chaque pièce de monnaie ; l'or retenu par le gouvernement n'est pas monnayé. Quel sera l'effet de ces frais de seigneuriage sur (a) les prix dans ce pays, (b) la valeur comparative de l'or dans une nouvelle pièce et le même poids d'or non monnayé ? Expliquez clairement votre raisonnement.

8. Si la circulation monétaire totale d'une nation, composée de 1 000 000 de pièces de monnaie, toutes dégradées par une taxe de seigneuriage de 50 pour cent, était immédiatement augmentée par la mise en circulation par le gouvernement de 300 000 pièces de papier-monnaie inconvertibles, chaque pièce de la même dénomination pour chaque pièce, quels effets pourraient être anticipés sur la base de la loi de Gresham ou autrement, en supposant que la quantité totale de pièces de poids total nécessaire pour effectuer les échanges de la nation n'est que de 900 000 ? Donne tes raisons.

9. Une certaine île n'a ni mines d'argent ni commerce extérieur. Elle effectue tous ses échanges par l'usage même de monnaie d'argent dont le monnayage est libre et gratuit. Elle n'a pas de banques et ne recourt ni au troc ni au crédit. L'argent est également utilisé sous forme d'assiette sur l'île. À l'origine, il y avait 100 000 pièces d'argent en circulation, chacune contenant une once d'argent pur. Après une certaine date, alors que ces pièces étaient versées au trésor public pour les impôts, à raison de 5 000 pièces d'une once par semaine, les pièces d'une once étaient fondues et le lingot obtenu était refondu, chaque nouvelle pièce pesant 2 onces et portant le même nom que les pièces originales d'une once. Par la suite, toutes les pièces frappées à la Monnaie de l'île contenaient deux onces d'argent et, selon ce standard, la monnaie restait gratuite et gratuite. Lorsque le gouvernement paiera pour la première fois les nouvelles pièces de 2 onces, resteront-elles en circulation avec les anciennes pièces d'une once et auront-elles le même pouvoir d'achat ? Donne des raisons.

10. Si le processus décrit ci-dessus consistant à frapper 5 000 pièces d'une once par semaine se poursuit pendant douze semaines puis s'arrête, combien de pièces anciennes et combien de nouvelles pièces seront en circulation à la fin de la douzième semaine ? Les raisons.

11. Le gouvernement de l'île de Guernesey, n'ayant pas d'argent, a émis des billets de papier pour payer la construction d'un marché. Ils ont circulé et ont été progressivement repris au fur et à mesure que le marché gagnait son prix, pendant dix ans. Lorsqu'ils furent tous rachetés et brûlés, l'île eut le marché gratuitement. Expliquez comment cela pourrait être fait. (Extrait des Problèmes d'économie politique de Sumner.)

12. Supposons qu'une nation possède 1 000 000 000 de pièces d'or, chacune pesant une once (Troy) comme seul moyen de circulation. Supposons que le gouvernement décrète que désormais des pièces de monnaie contenant seulement 99 pour cent seront émises. autant d'or pur qu'auparavant, le gouvernement prenant 1 pour cent. pour son propre usage.

Supposons que « les autres choses restent les mêmes ». Quel effet cette action aura-t-elle sur le nombre de pièces en circulation ?

Les prix seront-ils affectés ?

Supposons maintenant que la demande de monnaie augmente. Les propriétaires de lingots apporteront-ils leurs lingots à la Monnaie pour les monnayer ?

Supposons que ce gouvernement ait continué à émettre des pièces de monnaie du même poids et du même titre qu'auparavant, mais qu'il ait retenu un pour cent. des lingots apportés à la Monnaie pour son propre usage. Répondez à ces trois questions à la lumière de cette supposition.

13. Calculez les indices, le prix du dollar en or et le prix de l'or du dollar en billet vert, de 1861 à 1879.

14. Montrez la différence entre la monnaie convertible et la monnaie inconvertible.

15. Comparez la position des théoriciens de la monnaie-marchandise avec celle des théoriciens de la monnaie fiduciaire.

16. Dans un pays à étalon-or, dont la moitié de la circulation monétaire est constituée de dollars en argent (qui ont cours légal illimité) et de certificats d'argent payables sur demande en dollars en argent (et soutenus dollar pour dollar par des dollars en argent en réserve), et dont les monnaies sont fermées à la frappe libre de l'argent, comment la valeur monétaire des dollars en argent et des certificats d'argent serait-elle affectée si le prix de l'or de l'argent baissait de (1) 10 pour cent ? (2) 50 pour cent ? (3) 5 pour cent.? Quel effet cela aurait-il si la valeur de l'or devait chuter de 10 pour cent ? (La monnaie d'or gratuite est supposée). Expliquez les principes impliqués dans votre réponse.

CHAPITRE 6
LA NORME DES PAIEMENTS DIFFÉRÉS

LES RÉFÉRENCES.

Fisher, Irving, Appréciation et intérêt. AE Assn. Pubs., 11 : 331-442. 1896.

Fisher, Irving, Un remède à la hausse du coût de la vie : normaliser le dollar. AE Rev., 3 (n° 1, sup.) : 20-28. 1913. Table ronde ci-dessus, 29-51.

Fisher, Irving, Réponses aux objections à un dollar compensé. AE Rév., 4 : 818-839. 1914.

* *Jevons* , ch. XXV.

* *Johnson* , ch . XI, XII, XVII.

Kinley, David , Objections à une norme monétaire basée sur des indices. AE Rév., 3 : 1-19. 1913.

* *Materials* , 787, 788 (extrait de *Brown, HG* ,), 788, 789 (extrait de *Clark, WE* , dans « Comment investir lorsque les prix augmentent. » 1912).

Noyes, AD , Quarante ans de finance américaine. 1909. Ch . . I-III.

Patterson, EM , Objections à un dollar compensé. AE Rév., 3 : 863-874. 1913.

* *Phillips* , ch . VI, VII, XIII.

Taussig, FW , Le plan pour un dollar compensé. QJE, 27 : 401-416. 1912-1913.

Bureau des statistiques du travail des États-Unis , Bul. 173. 1915.

Walker , ch . III, VI, VII.

LES QUESTIONS.

DES QUESTIONS.

1. En quelle année, entre 1890 et aujourd'hui, un salaire fixe de 1 000 $ aurait-il été le plus avancé ? En quelle année son pouvoir d'achat aurait-il été le plus faible ? Si une somme de 1 000 $ prêtée en 1897 était restituée en 1902, quelle était la différence entre son pouvoir d'achat à sa restitution et au moment où elle était prêtée ?

2. Le travail quotidien d'un ouvrier ordinaire rapportera-t-il davantage aujourd'hui qu'il y a un demi-siècle ? Pourquoi?

3. L'indice du Bureau of Labor pour 1912 était 133. Quel a été le pourcentage de variation de la valeur de l'argent entre la période de référence et 1912 ? Donnez vos raisons et votre travail.

4.

	Prix moyens des années 1860-65.	Prix pour 1900.
Café, livre.	0,12 $	0,18 $
Charbon, tonne	3h00	3,60
Sucre, lb.	.08	.06
Laine , lb.	.30	.20
Blé, mais.	.80	.90

Sur la base des prix des produits ci-dessus, estimez le niveau général des prix pour 1900, en indiquant le pourcentage de sa baisse ou de son augmentation par rapport au niveau des prix de base. Indiquez quelques-unes des causes qui ont pu provoquer ce déclin ou cette avancée.

5. À un moment donné, les prix des matières premières suivants prévalaient : coton (brut), 0,10 $ la livre ; blé, 1,00 $ par bu.; sucre, 0,07 $ la livre ; pommes de terre, 1,00 $ par bu.; bœuf (à rôtir), 0,25 $ la livre ; chaussures, 5,00 $ la paire ; tissu de coton de qualité standard, 0,12 $ le mètre ; tissu de laine de qualité standard, 1,25 $ le mètre ; chapeaux pour hommes, 4,00 $, et charbon, 7,00 $ la tonne.

À une date ultérieure, les prix des mêmes marchandises étaient respectivement les suivants : 0,13 $, 1,05 $, 0,06 $, 1,10 $, 0,30 $, 5,75 $, 0,15 $, 1,20 $, 4,50 $ et 6,50 $.

Tabulez ces faits et calculez les numéros d'index, qui montreront :

(1) changements dans le niveau des prix des dix produits.

(2) les changements dans le niveau des prix des produits alimentaires.

(3) les changements dans le niveau des prix des articles vestimentaires.

6. Dans l'exercice précédent, les données fournissent-elles des raisons suffisantes pour affirmer que le coût de la vie a augmenté ou diminué ?

En cas de réponse affirmative, quel a été le changement dans la valeur de la monnaie ?

7. Attribuez à chacun des produits énumérés ci-dessus un « poids » qui représente, à votre avis, son importance en tant qu'article de consommation populaire. En utilisant ce système de pondérations, calculez des indices pour montrer les changements dans les niveaux de prix des mêmes groupes de

produits. Comment la pondération affecte-t-elle vos premières conclusions concernant l'évolution du coût de la vie ? Quelle est l'importance d'un système de pondération ?

8. Si la production annuelle mondiale d'or devait soudainement quintupler, quel serait l'effet probable : sur le bien-être d'un spéculateur boursier par rapport au bien-être d'un enseignant ; sur le bien-être de la classe des créanciers par rapport à celui de la classe des débiteurs ; sur les prix ?

9. Quelle est la fonction de la norme des paiements différés ? Quelle est cette norme actuellement en Amérique ? Quel changement s'est produit récemment ? Comment cela affecte-t-il les revenus des différentes classes ?

10. Quelles devraient être les caractéristiques d'une unité de valeur standard ?

11. Pouvez-vous obtenir une sorte d'argent qui rendra les choses vendues plus chères et les choses achetées moins chères ?

12. Le fait qu'un homme gagne et qu'un autre perde par hasard a-t-il une quelconque importance économique ou politique ?

13. Si chaque pièce d'argent était miraculeusement doublée en une nuit, quels intérêts en seraient affectés ?

14. Comparez l'effet d'une production croissante d'or sur le prix des obligations en circulation avec son effet sur le prix des actions ordinaires déjà émises.

15. X est un pays industriel isolé doté d'un certain volume d'argent. Son gouvernement double, un jour donné, la quantité de monnaie. Quel sera l'effet sur le taux d'intérêt.

(a) de prêts à long terme,

(b) de prêts à court terme, et

(c) des prêts à vue ?

16. Le taux d'intérêt sur les investissements à long terme dans une certaine communauté isolée est de 6 pour cent. La somme d'argent dans cette communauté est augmentée de manière à élever le niveau général des prix de 100 pour cent. En supposant que l'augmentation de la monnaie provienne entièrement de la production plus abondante de monnaie-métal des mines, dans quelle mesure cette hausse du niveau général des prix affectera-t-elle le taux de l'intérêt lorsque les capitaux seront ensuite prêtés pour de longues périodes ?

17. Un chemin de fer américain pourrait-il émettre avantageusement une importante émission d'obligations à 20 ans en 1916 ? Justifiez votre réponse.

Montrez clairement ce que vous entendez par « avantageusement ». Un chemin de fer souhaiterait-il lancer une telle émission s'il le pouvait ? Pourquoi?

18. Existe-t-il quelque chose dans la nature de l'exploitation minière qui maintient le rapport entre l'offre d'or et d'argent presque uniforme ?

19. Certains disent que la Providence a indiqué l'or et l'argent comme matériaux pour la monnaie. Comment cela a-t-il été fait ?

20. Quelles sont les principales raisons avancées pour justifier le ratio de 16 pour 1 ?

21. Le principe de substitution des biens a-t-il une incidence sur la valeur des métaux dans le cadre du bimétallisme ?

22. Quelle est la théorie de la monnaie détenue par les bimétallistes ?

23. « Dans la mesure où l'or (avant 1848) avait plus de valeur sur le marché mondial qu'à la Monnaie française, relativement à l'argent, il était impossible que l'or circule en France. » Est-ce une conclusion nécessaire ?

24. Quels arguments avancés en faveur du bimétallisme en 1896 sont inapplicables aujourd'hui ?

25. Quelle est l'étendue de l'influence qu'une nation peut avoir sur le rapport entre les deux métaux précieux ?

26. Comment l'adoption du bimétallisme international aujourd'hui, dans un rapport de 32 pour 1, affecterait-elle (a) le support de circulation, (b) l'étalon de valeur dans les différents pays ? Considérez à la fois les résultats immédiats et éventuels.

27. Que se serait-il passé si une loi sur la gratuité de l'argent avait été promulguée aux États-Unis en 1900 ?

28. Un étalon monétaire idéal mesurerait-il toujours la même quantité de biens ?

29. A doit à B une dette à long terme , qui arrive à échéance juste avant le début d'une crise commerciale ; Serait-il à l'avantage ou au désavantage de A si le contrat prévoyait un paiement selon une norme tabulaire ?

30. Pourquoi la norme tabulaire des paiements différés n'est-elle pas devenue d'usage courant ? La norme tabulaire est-elle valable ou non en principe ? Votre réponse s'appliquerait-elle à la norme du travail ?

CHAPITRE 7
LES FONCTIONS DES BANQUES

LES RÉFÉRENCES.

Cleveland, FA , Fonds et leurs utilisations. 1902.

Conant, CA , Histoire des banques d'émission modernes. 5e éd., 1915.

Dunbar, CF , Théorie et histoire de la banque. 2e éd., 1901.

Fisk, AK , La banque moderne. 1903.

Holdsworth, JT , Argent et banque. 1914.

Kinley, David , La réserve d'espèces dans un système bancaire. JPE, 20 : 12-24. 1912.

* *Phillips* , ch . IX, X.

Scott, WA , Argent et banque. 1903.

Veblen, T. , Théorie de l'entreprise. 1904.

* *Blanc* , BK. III, ch . I-III.

DES QUESTIONS.

1. Que fait une banque pour une communauté ?

2. Quelles sont les fonctions exercées par une banque ?

3. Quelles sont les sources de revenus d'une banque ?

4. Expliquer les principales sources d'origine des dépôts des banques commerciales ; et indiquer laquelle de ces méthodes crée le plus grand montant de passif à vue des banques.

5. Toutes les banques émettent-elles des billets ? Pourquoi?

6. Quel est l'avantage pour une banque du droit d'émettre des billets de banque ?

7. En quoi l'émission de billets de banque diffère-t-elle du prêt de fonds aux déposants ?

8. Une banque qui émet ses propres billets peut-elle se permettre de prêter à moindre coût que le capitaliste ordinaire ?

9. Deux hommes A et B ont chacun des billets de 1 000 \$ à prix réduit dans la même banque. A est crédité dans les livres de la banque avec le droit de tirer 950 \$. B reçoit 950 \$ en billets en circulation émis par cette banque. Les

engagements de la banque augmentent-ils exactement dans la même mesure par les deux transactions ? L'une ou l'autre transaction réduit-elle immédiatement la réserve de trésorerie de la banque ?

10. Voici les éléments d'un rapport d'une Banque Nationale : Capital social, 50 000 $; Espèces en caisse et en banque, 77 066,21 $; Tirage, 49 400 $; Factures à payer, 10 000 $; Obligations américaines et autres, 239 050 $; Dépôts, 465 417,41 $; Excédent et bénéfices nets indivis, 30 952,58 $; Prêts et placements, 289 653,78 $.

(a) Séparez et organisez ces éléments conformément à un relevé bancaire régulier et prouvez votre réponse.

(b) Montrez comment ces éléments illustrent les fonctions essentielles d'une banque, en expliquant en détail la nature de ces fonctions.

11. Triez parmi les éléments suivants les ressources et le passif et montrez l'égalité du total des ressources et du total du passif :

Dividendes impayés	782,00 $
Réservé au paiement des taxes dues	10 000,00
Bénéfices indivis	85 228,57
Capital social	500 000,00
Fonds excédentaire	250 000,00
Objets en espèces (chèques à présenter pour règlement lors des échanges du lendemain)	280 347,43
Prêts et réductions	2 782 713,15
Billets ayant cours légal aux États-Unis et billets de banques nationales	435 296,00
Espèces	278 304,48
Dépôts	4 057 934,61
Découverts (chèques payés en sus des dépôts)	2 842,10
Créances des banques et des banquiers	370 142,02
Immobilier	43 900,00
Hypothèque détenue	1 000,00

| Obligations | 709 400,00 |

12. Classez les éléments suivants comme ressources ou passifs d'une banque nationale et donnez les raisons de votre classification en 1er, 4e, 6e et 7e : (1) Capital-actions, 50 000 $; (2) Biens immobiliers, meubles, agencements, etc., 15 046,14 $; (3) Espèces, 69 343,34 $; (4) Excédent et bénéfices nets indivis, 19 257,43 $; (5) Obligations des États-Unis, 108 951,50 $; (6) Prêts et escomptes, 242 546,36 $; (7) Dépôts, 301 679,91 $; (8) Circulation (c.-à-d. billets en circulation), 64 950 $.

Prouvez que votre classification est correcte en équilibrant le compte. Montrez ensuite les modifications apportées au compte par la transaction suivante : La banque prête 25 000,00 $ pendant 90 jours à 6 pour cent. les intérêts, et l'emprunteur retire la moitié du montant qui lui est crédité après que la banque a effectué la déduction appropriée des intérêts.

13. Les moyennes hebdomadaires des banques de New York pour la troisième semaine de mai se comparent comme suit en 1905 et 1904 :

	1905.	1904.
Prêts	1 120 426 800 $	1 056 553 500 $
Dépôts	1 165 151 700	1 100 586 100
Circulation	45 308 300	36 480 400
Espèces	215 174 200	210 002 800
Cours légaux	84 333 700	78 143 000

Expliquez pourquoi les prêts et dépôts dans le tableau ci-dessus montrent pratiquement la même augmentation de 1904 à 1905.

14. Quel serait le bilan d'une banque commerciale émettant une monnaie-billet d'actif ordinaire après les opérations suivantes ?

La banque démarre ses activités avec un capital versé de 2 000 000 $ et un excédent de 400 000 $. Elle dépense 50 000 $ en billets de banque pour le mobilier et les accessoires. Il offre un rabais de six pour cent. pour divers clients, 4 000 000 $ de billets et effets à recevoir à 60 jours, les emprunteurs prenant un quart du produit en espèces, un quart dans les propres billets de banque de la banque et laissant le solde en dépôt. Les clients encaissent des chèques sur leurs comptes d'un montant de 600 000 $ et reçoivent les deux tiers du montant en billets de banque de la banque et l'autre tiers en pièces de monnaie et autres types de « monnaie légale ». D'autres clients effectuent des dépôts de 900 000 dollars, dont un tiers en « monnaie légale », un tiers en billets de banque de la banque et un tiers en chèques d'autres déposants de la même banque. La banque achète au pair 1 200 000 dollars d'obligations ferroviaires et les paie avec ses propres billets de banque. Elle paie avec ses propres billets de banque les dépenses pour les salaires, la papeterie et les taxes jusqu'à un montant de 10 000 $. (b) Quel pourcentage de réserve possède-t-elle à la fin de ces opérations ?

15. Relevé d'une banque nationale.

PASSIFS	Milliers de dollars	RESSOURCES	Milliers de dollars
Capital,	464.	Prêts et réductions,	708.
Surplus,	203.	Les découverts,	.1
Bénéfices indivis,	53.	Obligations pour sécuriser la circulation (valeur nominale)	450.
Circulation,	404.	Autres actions et obligations,	163.
Dépôts,	419.	Dues par les agents de réserve,	105.
Banques dues,	29.	Dues des banques,	21.
		Maison de banque,	32.
		Dépenses et taxes courantes,	3.
		Chèques et effets de trésorerie,	4.
		Échangez contre Clear. Maison,	11.
		Billets d'autres banques,	15.
		Or,	30.
		Argent,	.9
		Cours légaux,	9.
		Fonds de rachat en UST	20.
	———		———
	1 572.		1 572.

Que pouvez-vous apprendre de cette déclaration sur le type d'activité que la banque exerce et sur sa capacité à résister à une tempête financière ?

16. Quelle serait la situation du bilan d'une banque commerciale après les opérations suivantes ? La banque débute ses activités avec un capital versé de 300 000 $ et un excédent de 60 000 $. Il escompte pour les clients 600 000 $ de billets et effets à recevoir à quatre mois, à 6 pour cent, les emprunteurs prenant un tiers du produit en espèces (c'est-à-dire de la monnaie légale) et laissant les deux tiers en dépôt. Les clients déposent 200 000 $, dont la moitié en espèces, un quart en chèques tirés sur cette banque et un quart en chèques tirés sur d'autres banques.

17. Supposons que cette banque se réorganise maintenant en banque nationale et, pour s'assurer le privilège d'émission de billets, achète 2 pour cent aux États-Unis. obligations d'une valeur nominale de 90 000 $ à 102 $. Elle dépose ces obligations auprès du trésorier des États-Unis et reçoit le montant total des billets de banque nationaux auxquels elle a droit. Les déposants retirent par chèque 180 000 $, la banque leur remettant 45 000 $ en billets et le solde en monnaie légale. Un dividende de 2 pour cent. est déclaré et payé, pour moitié en argent légal et pour moitié sous forme de dépôts. Présentez le bilan.

CHAPITRE 8
LE SECTEUR BANCAIRE AUX ÉTATS-UNIS AVANT 1914

LES RÉFÉRENCES.

Hollander, JH , Avoirs en titres des banques nationales. AE Rév., 3 : 793-814. 1913.

Kemmerer, EW , La réforme bancaire aux États-Unis. AE Rev., 3 (n° 1, sup.) : 52-63. 1913. Table ronde ci-dessus, 64-88.

Kemmerer, EW , Variations saisonnières du marché monétaire new-yorkais. AE Rév., 1 : 33-49. 1911.

Commission monétaire nationale , Rapport. 1912. Dans Sen. Doc. 243, 62e Cong., 2e Sess.

Phillips , ch. XXX.

* *Source Book* , 324-336 (extrait du rapport de la Commission monétaire nationale), 314-323 (extrait du rapport de 1910 du contrôleur de la monnaie).

Sprague, OMW , Propositions pour renforcer le système bancaire national. QJE, 24 : 201-242, 634-659 ; 25 : 67-95. 1909-1911.

Contrôleur de la monnaie des États-Unis , rapports annuels.

* *Blanc* , BK. III, ch . IV, XV, XVII, XX, XXI et annexes A et B.

Willis, HP , La question bancaire au Congrès. JPE, 20 : 869-885. 1912.

DES QUESTIONS.

1. Expliquer la méthode suivie par les banques nationales pour émettre des billets de banque. Pourquoi les banques trouvaient-elles souvent plus rentable d'utiliser leur argent autrement que par l'émission de billets de banque ? Réf. : Discussion dans divers rapports du Contrôleur de la Monnaie.

2. L'article 28 de la Loi sur la Banque nationale du 3 juin 1864, après avoir prévu qu'une association bancaire nationale peut détenir les biens immobiliers "nécessaires à son logement immédiat dans le cadre de la transaction de ses affaires" ainsi que tous autres biens immobiliers et hypothèques sur ceux-ci qu'elle peut qu'elles ont contractées pour garantir des dettes contractées antérieurement, prévoit que "Ces associations (banques nationales) ne peuvent acheter ou détenir des biens immobiliers dans aucun autre cas ou à toute autre fin...."

a) Quelle est la raison de la disposition ci-dessus ?

(b) Serait-il sage d'imposer une interdiction similaire aux caisses d'épargne ?

3. Décrivez la chambre de compensation et définissez ses avantages économiques.

4. S'il y a vingt banques dans une ville et pas de chambre de compensation, combien d'encaissements devraient être effectués quotidiennement par toutes les banques en supposant que chaque jour les déposants de chaque banque reçoivent des chèques sur les dix-neuf autres banques ?

5. Une chambre de compensation permet-elle aux banques qui en font partie de disposer d'une réserve de trésorerie moindre ?

CHAPITRE 9
LA LOI SUR LA RÉSERVE FÉDÉRALE

Les références.

Conway, Thomas, Jr. , La politique financière des banques de réserve fédérale. JPE, 22 : 319-331. 1914.

Conseil de la Réserve fédérale , Le Bulletin de la Réserve fédérale. Mensuel.

* *Phillips* , ch. XXXI.

Scott, WA , Réserves bancaires en vertu de la loi sur la Réserve fédérale. JPE, 22 : 332-344. 1914.

Blanc , liv. III, ch. XXII et annexes D et E.

Willis, HP , Loi sur la Réserve fédérale. AE Rév., 4 : 1-24. 1914.

Des questions.

1. Nommez et comparez les différents types de banques aux États-Unis.

2. Comment les billets sont-ils émis en vertu de la Federal Reserve Act ?

3. Si à une date donnée la réserve excédentaire (c'est-à-dire la réserve dépassant la réserve minimale légale requise par la loi pour être détenue contre les dépôts) des banques associées de New York s'élève à 11 000 000 $ et que les dépôts à la même date s'élèvent à 1 164 000 000 $, quelle est la réserve totale de liquidités détenue par les banques à cette date ? Qu'aurait-il été en 1912 ?

4. Le « New York Times » du 8 décembre 1916 disait :

"Le réescompte des effets de commerce à la Federal Reserve Bank de New York par certaines des plus grandes banques de la ville mercredi a eu pour effet hier d'améliorer les conditions générales du marché monétaire. Les prêts à vue qui ont été accordés à 15 pour cent lundi, et au même taux élevé à 10 pour cent mardi, et à sept pour cent mercredi, ont été placés hier entre trois et cinq pour cent. La plupart des prêts ont été consentis à quatre et demi pour cent, le taux de renouvellement et le taux de clôture la cotation était de trois pour cent. Les taux d'argent-temps étaient plus faciles.

Expliquez le processus de réescompte mentionné ici. Dans quelle mesure les opérations de réescompte ont-elles soulagé le marché monétaire au jour le jour ? Considérez-vous que ce recours aux facilités de réescompte offertes par la Réserve fédérale était conforme aux principes bancaires sains ? Était-ce la meilleure utilisation possible du mécanisme de réescompte ? Pour des

suggestions, voir le « New York Times » du 5 décembre 1916, sous le titre «
Marchés financiers ».

CHAPITRE 10
CRISES ET DÉPRESSIONS INDUSTRIELLES

LES RÉFÉRENCES.

Dewey, DR , Histoire financière des États-Unis, 4e éd., 1912. Ch. X.

Angleterre, Minnie T. , La promotion comme cause des crises. QJE, 29 : 748-767. 1914-1915.

* *Hamilton* , Lectures, 91-93, 93-95, 95-98.

Hobson, JA , Evolution du capitalisme moderne. Éd., 1912. Ch. 7.

Jones, ED , Crises économiques. 1900.

Juglar, C. et *Thom, CW* , Une brève histoire des paniques et de leur récurrence périodique aux États-Unis. Éd., 1916.

* *Matériaux* , 391-396.

Mitchell, WC , Cycles économiques. 1913.

Moore, HL , Les cycles économiques : leur loi et leur cause. 1914.

Nelson, SA , L'ABC de Wall Street. 1900.

Patterson, EM , Les théories avancées pour expliquer les crises économiques. AAA, 59 : 133-147. 1915.

* *Phillips* , ch . XXVIII, XXIX.

* *Livre source* , 138-156.

Sprague, OMW , La crise de 1914 aux États-Unis. AE Rév., 5 : 499-533. 1915.

Bureau du travail des États-Unis , rapport annuel pour 1886.

DES QUESTIONS.

1. Qu'est-ce qu'une crise financière ? Une dépression industrielle ?

2. Décrire les conditions commerciales, bancaires et de prix qui prévalent juste avant, pendant et immédiatement après une crise.

3. Énoncer clairement et expliquer l'évolution des prix des actions, des obligations, des hypothèques, des terrains, des matières premières en général, des salaires et des taux d'intérêt sur les prêts à long terme et à court terme, avant, pendant et après une crise.

4. Calculez pour une série d'années couvrant les périodes de prospérité et de dépression, les prix des actions, des obligations, de l'immobilier et de certaines matières premières.

5. Quels changements économiques se sont produits dans votre propre communauté lors de la panique de 1893-94, ou dans les années 1903-04, ou en 1907-08 ?

6. Est-il possible que la quantité de tous les biens produits dépasse le pouvoir de consommation de la communauté ?

7. « Comme l'Américain moyen peut produire bien plus qu'il ne peut consommer, il a été prouvé à maintes reprises que tant que la vente de ses produits se limitera aux marchés intérieurs, la surproduction sera certainement une conséquence naturelle de toute période prolongée. période d'activité. Pendant un demi-siècle, donc, avec des saisons régulièrement récurrentes de production excédentaire, sont survenues ces inévitables crises commerciales qui ont souligné avec une force croissante la nécessité des marchés étrangers. (Ce passage est tiré d'une réimpression d'un discours d'un membre du Congrès.)

Critiquez l'opinion exprimée dans la déclaration ci-dessus quant à la cause des crises commerciales.

8. Une crise est-elle causée par trop ou pas assez d'argent, ou par une autre influence ?

9. S'il y avait deux fois plus d'argent dans le monde, des paniques auraient-elles lieu ?

10. En période de dépression, y a-t-il moins d'argent que d'habitude dans le pays ? Dans les banques ?

11. De quelles manières et dans quelle mesure les conditions commerciales sont-elles susceptibles d'être affectées par :

offre croissante d'or ?

Le mouvement de confiance ?

Augmenter les armées et les marines ?

La situation agricole ?

12. Expliquez la différence entre les motivations de l'emprunteur en temps ordinaire et en période de panique.

13. Comment les prêts sont-ils affectés lorsque la limite de réserve fixée par la loi ou la coutume est atteinte en Angleterre, en Allemagne et aux États-Unis ?

14. Quelle est, selon vous, la bonne explication des crises ?

15. De quelle manière les affaires sont-elles affectées par l'état des récoltes ? Dans quelles limites ? Dans le cas de quelles cultures le lien est-il le plus étroit ?

16. Quel élément de sécurité sont fournis par les chambres de compensation en cas de panique ?

17. Décrivez la méthode utilisée par les banques pour répondre aux demandes des déposants lors des paniques de 1893 et de 1907. (Dunbar est particulièrement précieux. Également OMW Sprague, History of crises under the National Banking System, publié par Nat. Monetary Com.)

CHAPITRE 11
INSTITUTIONS D'ÉPARGNE ET D'INVESTISSEMENT

LES RÉFÉRENCES.

Chamberlain, Laurence , Principes de l'investissement obligataire. 4e éd., 1913.
Le travail de la maison des obligations. 1913.

Devine, HC , *Banques* coopératives populaires pour les travailleurs des villes et les petits exploitants, les cultivateurs familiaux et autres dans les régions rurales. 1908.

Dexter, Seymour , Un traité sur les associations coopératives d'épargne et de crédit. Éd., 1894.

Fisher, Irving , *Kemmerer, EW* , *Brown, HG* et autres, Comment investir lorsque les prix augmentent. 1912.

Guenther, Louis , Investissement et spéculation. 1916. (La Salle Uni.)

Hamilton, JH , Épargne et institutions d'épargne. 1902.

Johnson, AS , Influences affectant le développement de l'épargne. PSQ, 22 : 224-244. 1907.

Kemmerer, EW , Banque d'épargne postale des États-Unis. PSQ, 26 : 462-499. 1911.

Kniffin , *WH* , La caisse d'épargne et ses travaux pratiques. 1912.

* *Phillips* , ch. XVI.

Wolff, HW , Un manuel de banque coopérative . 1909.
Banque coopérative . 1907.

Les banques populaires. 3e éd., 1910.

DES QUESTIONS.

1. Quelle est la nature et l'objet de la législation restreignant les investissements des caisses d'épargne ?

2. Quelles sont ces restrictions dans cet État ? Dans votre propre État ? Dans les Etats considérés comme ayant les lois les plus développées dans ce domaine ?

3. La législation dans ce domaine doit-elle être considérée comme subventionnant certains types d'entreprises privées ? Si oui, est-ce socialement justifiable ?

CHAPITRE 12
PRINCIPES D'ASSURANCE

LES RÉFÉRENCES.

Gephart , WF , Principes d'assurance. 1913.

Gephart , WF , Les assurances et l'État. 1913.

Huebner, SS , Assurance-vie. 1915.

Huebner, SS , Assurance de biens. 1913.

Résumé statistique des États-Unis.

Valgren , VN , mutuelle d'assurance incendie des agriculteurs du Minnesota. QJE, 25 : 387-396. 1910-1911.

Willet, AH , Théorie économique du risque et de l'assurance. 1901.

Zartman , LW (Ed.), Assurance incendie. Éd., 1915.

Zartman , LW (Ed.), Assurance-vie. Éd., 1915.

DES QUESTIONS.

1. Quelles sont les conditions d'une assurance économiquement viable ? Donnez au moins deux exemples.

2. Quelle est la différence économique essentielle entre le jeu et l'assurance ?

3. Donnez des exemples montrant la différence entre une maison de jeu et une compagnie d'assurance ?

4. On dit que les investisseurs en obligations russes souscrivent des polices d'assurance payables à eux-mêmes en cas de décès du tsar, leur but étant de se prémunir contre les pertes résultant de la dépréciation de leurs titres russes en cas de troubles politiques qui pourraient survenir lors d'un événement. changement de dirigeants.

(a) Considérez-vous une telle assurance comme un jeu de hasard ou une spéculation légitime du point de vue de l'assureur ou de l'assuré ?

b) Considérez-vous que la question de telles politiques de la part des compagnies d'assurance est « judicieuse » ?

5. Les loteries devraient-elles être autorisées par la loi ?

6. Supposons que 1 000 propriétaires de 1 000 immeubles d'une valeur de 7 000 $ chacun souhaitent s'assurer contre les incendies. Si le risque pour la

catégorie de bâtiments en cause était tel que sept sur mille brûlaient chaque année, quel paiement annuel de chaque propriétaire serait nécessaire pour assurer tous contre la perte totale – les frais de gestion, les intérêts, etc., étant ignorés ? (FM Taylor.)

7. Supposons qu'une société possède 500 immeubles d'une valeur de 100 000 $ chacun ; que s'assurer contre l'incendie dans une entreprise ordinaire coûterait 250 $ pour chaque bâtiment ; et que la société est convaincue qu'en dépensant 10 000 $, les pertes dues au feu peuvent être réduites à une moyenne d'un bâtiment tous les trois ans. Est-ce que cela rapporterait à l'entreprise de s'assurer auprès d'une certaine compagnie ? (FM Taylor.)

CHAPITRE 13
COMMERCE INTERNATIONAL

LES RÉFÉRENCES.

Bastable, CE , La théorie du commerce international. 1897.

Brown, HG , Commerce et échanges internationaux. 1914.

Clare, G. , L'ABC des changes. 1895.

Escher, Franklin , Les éléments du change. 2e éd., 1911.

Goschen , *Vicomte* , La théorie des changes. 1898.

Johnson, ER , Changements probables dans le commerce extérieur des États-Unis résultant de la guerre européenne. AE Rev., 6 (n° 1, sup.) : 17-25. 1916. Table ronde ci-dessus, 26-49.

Johnson, ER , *Van Meter* , *TW* , *Huebner, GG* , et *Hanchett* , *DS* , Histoire du commerce intérieur et étranger des États-Unis. 1915.

* *Livre source* , 337-346.

Willis, HP , Transport et concurrence sur les marchés sud-américains. AE Rév., 2 : 814-833. 1912.

DES QUESTIONS.

1. Est-ce une mauvaise politique de laisser les habitants d'un village de banlieue dépenser de l'argent en ville pour des choses qui pourraient être produites chez eux ?

2. Est- ce une mauvaise politique pour la Californie d'acheter des produits manufacturés de la Nouvelle-Angleterre ?

3. Donnez des exemples des avantages industriels de l'Amérique par rapport à l'Europe.

4. La prétendue efficacité supérieure de l'ouvrier américain sur l'ouvrier concurrent européen est-elle liée d'une manière ou d'une autre au principe de proportionnalité ?

5. La communauté A possède des terres qui peuvent produire du blé au coût de 60 cents le boisseau, du maïs à 40 cents le boisseau et des pommes de terre à 40 cents le boisseau. La communauté B peut produire du blé à 70 cents le boisseau, du maïs à 45 cents le boisseau et des pommes de terre à 42 cents le boisseau. En supposant que chaque communauté puisse produire

juste assez de ces denrées alimentaires pour son propre usage, sera-t-elle incitée à échanger ces produits ?

6. "De tous les bagages, un homme est le plus difficile à transporter." Quelle est la portée de ce fait sur la théorie du commerce international ?

7. Un pays peut-il avoir un excédent persistant d'exportations de marchandises par rapport à ses importations de marchandises ? Si oui, dans quelles conditions ?

8. Si les devises étrangères augmentaient soudainement de plusieurs centimes, alors que les importations et les exportations restaient les mêmes, à quelles causes cela pourrait-il être dû ?

9. Si, à la suite d'un an de commerce extérieur, la nation A obtient des autres nations 10 000 000 $ en pièces d'or en règlement de la balance de la dette internationale, dans quelle mesure cette somme mesure-t-elle le gain de la nation A provenant du commerce international ? Les raisons.

10. Les statistiques des exportations et des importations des États-Unis pour l'année 1908-1909 montrent un excédent des exportations sur les importations de 351 000 000 $ de marchandises ; 12 000 000 $ en argent et 48 000 000 $ en or. Expliquez clairement comment les États-Unis ont pu avoir des exportations excédentaires de marchandises, d'argent et d'or la même année.

11. Si les échanges à demande à Londres se vendaient à 4,835 dollars à New York, cela indiquerait-il quelque chose quant aux valeurs relatives de nos importations et exportations ? L'or serait-il expédié dans ces conditions et si oui dans quelle direction ? Expliquer.

12. Expliquez clairement les conditions commerciales dans lesquelles les lettres de change à demande en livres sterling se vendront à 4,875 $ sur le marché des changes de New York.

13. Si les importations de marchandises de l'Angleterre vers les États-Unis étaient égales aux exportations des États-Unis vers l'Angleterre, quel serait l'état des échanges à Londres ? Y aurait-il un plus grand avantage pour l'un ou l'autre des pays engagés dans le commerce ?

14. Quel effet sur les échanges la détention d'obligations américaines à l'étranger a-t-elle ?

15. Si d'importantes expéditions de blé sont effectuées vers l'Angleterre, les lettres de change à Londres seront-elles plus élevées ou plus faibles à New York ?

16. Lorsqu'à New York, une traite à vue sur Londres de 5 000 £ se vend à 24 150 \$, dans quelle direction les envois de fonds d'or sont-ils susceptibles d'évoluer ? Donne des raisons.

17. Si l'Angleterre vend pour 10 000 000 \$ de nos titres aux Américains, quel est l'effet sur les taux de change ?

18. Montrez quelles seraient, dans un pays producteur d'or, les relations et l'interaction entre la nouvelle offre d'or, les prix, les quantités relatives d'importations et d'exportations et le taux de change. (Summer.)

19. Une nation avec n dollars en circulation doit payer une indemnité de guerre de n dollars à un autre pays ayant la même circulation. De combien d'argent chacun disposera-t-il alors, et quel sera l'effet sur les prix, le commerce extérieur, le taux de change ? (Canapé.)

20. Supposons une augmentation du volume de notre monnaie, due à une nouvelle émission d'argent, quel serait l'effet sur le commerce international ? Cet effet serait-il durable ? Votre réponse dépendrait-elle de l'état de notre monnaie au moment où l'augmentation s'est produite ?

21. Si, grâce à l'amélioration de notre système bancaire et monétaire, un pourcentage beaucoup plus important des affaires du pays devait être réalisé grâce à l'utilisation de crédits (plutôt que d'argent) comme moyen d'échange, quel serait l'effet sur (un) la quantité de monnaie en circulation, (b) le niveau général des prix, (c) la composition des moyens d'échange du pays, (d) le mouvement international de l'or, (e) les intérêts des débiteurs et des créanciers, respectivement ?

22. Chacun des deux pays A et B peut, par l'application d'une quantité donnée de travail à ses ressources matérielles, produire l'un ou l'ensemble des marchandises M, N, O, P, Q, R et S, comme le montre le tableau suivant :

Marchandise.	Pays A.	Pays B.
M	50 tonnes	60 tonnes
N	1000 mètres	1100 mètres
Ô	.25 balles	20 balles
P.	900 boisseaux	800 boisseaux
Q	600 onces	650 onces
R.	5000 gallons	5000 gallons
S	2500 livres sterling	2000 livres sterling

(a) En l'absence de législation restrictive, chaque pays est-il susceptible de produire tous ces produits pour lui-même ? Pourquoi ou pourquoi pas?

b) Si les conditions sont telles qu'elles conduisent à une division territoriale du travail, quels produits sont les plus susceptibles d'être produits dans chaque pays ?

(c) Sur lequel de ces produits existe-t-il le moins de certitude sur ce point ? Pourquoi?

CHAPITRE 14
LA POLITIQUE D'UN TARIF PROTECTEUR

Les références.

Bolen, GL , Faits clairs concernant les fiducies et le tarif. 1902. Partie 1. II.

Daniels, WM , Les éléments des finances publiques. Éd., 1911. Partie 2. II, ch. VII.

Johnson, EH , L'effet d'un tarif sur la production. QJE, 18 : 135-137. 1903-1904.

Patten, SN , La base économique de la protection. 1890.

* *Livre source* , 347-357, 358-360.

Wallace, HB , Un tarif équilibré. AE Rév., 2 : 568-575. 1912.

Des questions.

1. Peut-il être avantageux de commercer librement avec une nation si le libre-échange général est mauvais ?

2. S'il n'y avait aucun obstacle juridique à un tarif entre les États, un tarif serait-il probablement imposé ? Si oui, serait-ce une mesure judicieuse ?

3. Discutez de l'affirmation selon laquelle un droit de douane protecteur, en aidant à empêcher l'importation de biens étrangers, tend à maintenir une balance commerciale favorable.

4. « La répartition territoriale de la monnaie est à la fois un facteur déterminé et déterminant dans le commerce international. »

Expliquez le sens de cette affirmation et montrez sa relation avec l'argument de la « balance commerciale favorable » en faveur de la protection.

5. Un Anglais a avancé cet argument en faveur de la protection : « Si un Anglais achète une poêle à frire à un Allemand pour un shilling (24 cents), alors l'Angleterre obtient la poêle à frire et l'Allemagne reçoit le shilling, alors que si un Anglais achète la poêle à frire à " Un fabricant anglais pour 13 pence (26 cents), l'Angleterre obtient à la fois la poêle et les 13 pence. L'augmentation des prix profite à l'Angleterre car l'argent reste dans le pays, au lieu d'aller à l'étranger pour accroître la richesse des nations étrangères. " Donnez votre opinion sur cet argument.

6. Discutez de cette déclaration : « Le peuple américain envoie à l'étranger plus de 100 000 000 $ par an pour payer le sucre importé. Pour répondre à cette facture, il faut une récolte de blé de plus de 7 100 000 acres. Mais tout

le sucre actuellement importé pourrait être cultivé sur 1 700 000 acres de betteraves ou de betteraves. canne à sucre. En d'autres termes , nous gaspillons le produit d'environ 5 400 000 acres de terre en ne cultivant pas notre propre sucre.

7. Un quotidien new-yorkais a affirmé que "Bien sûr, nous serions gagnants si chaque livre de coton brut était exportée sous forme manufacturée. Chaque processus par lequel passe la matière première pour sa transformation en tissus créerait des emplois pour Les salariés américains."

Discutez de la proposition selon laquelle le total du travail des salariés américains est inférieur si nous exportons du coton brut que si nous fabriquions le coton brut dans ce pays pour l'exporter.

8. En supposant qu'un droit d'importation sur le thé, s'il était suffisamment élevé, créerait aux États-Unis une industrie de culture du thé capable de répondre à l'ensemble de la demande intérieure, retraçons les divers effets économiques d'un tel droit.

9. Qui a gagné lorsque le sucre hawaïen (avant l'annexion) a été admis en franchise de droits, tandis que les autres sucres ont été taxés ?

10. Si les propriétaires de carrières de marbre peuvent démontrer que leur revenu net est de 30 pour cent. plus grand en raison du tarif protecteur sur les marbres étrangers, cela montre-t-il que le tarif augmente la richesse du pays protecteur ?

11. Énoncez toute proposition que vous pensez pouvoir soutenir concernant la relation entre les salaires élevés ou bas et la concurrence internationale. Maintenez votre proposition.

12. Que dites-vous du projet d'ajuster les droits de douane sur les importations de manière à égaliser le « coût de la main-d'œuvre » des produits importés et nationaux, grâce à la levée de droits qui viendraient juste compenser les salaires plus élevés payés par l'employeur américain ?

13. Un taux élevé de salaires nominaux est-il un obstacle au bon fonctionnement de l'industrie en concurrence avec des pays où les salaires nominaux sont bas ?

14. Quel a été l'argument utilisé à l'origine concernant les niveaux de salaires comparés ici et à l'étranger en ce qui concerne le démarrage de certaines industries dans ce pays ? Comparez cet argument avec l'argument protectionniste actuel quant à la relation entre les droits de douane et le niveau général actuel des salaires aux États-Unis.

15. Quelle aide la loi des salaires devrait-elle apporter pour expliquer l'inégalité actuelle entre les échelles de salaires en Allemagne, en France, en Angleterre et aux États-Unis ?

16. S'il nous serait avantageux d'admettre des marchandises en franchise, pourrions-nous être justifiés de les taxer pour imposer des concessions à l'autre pays ?

17. Quelles conditions de consommation et de production dans le pays et à l'étranger seraient les plus favorables au transfert d'un droit d'importation sur un article manufacturé entièrement sur le consommateur ?

18. (a) A et B sont deux îles tropicales habitées par des peuples amis et produisant les mêmes produits. Le climat, le sol et la topographie de A sont tels que toutes sortes de produits peuvent y être produits avec moins d'effort que dans B. Pourrait-il y avoir une incitation pour les habitants de A à commercer avec les habitants de B ?

(b) En dehors de tout sentiment d'hostilité et d'attachement sentimental au pays d'origine, y a-t-il une raison pour laquelle les habitants de B ne devraient pas tous émigrer vers A ?

(c) B pourrait-il égaliser les conditions de production en promulguant un tarif protecteur sur les produits des deux îles ?

(d) Supposons que A ait été découvert après qu'une forte civilisation se soit développée sur B. Les conditions pourraient-elles être telles que A pourrait, avec son avantage, exiger un tarif protecteur ?

CHAPITRE 15
HISTOIRE DES TARIFAIRES AMÉRICAINS

LES RÉFÉRENCES.

* *Blakey, RG* , La nouvelle loi sur les revenus. AE Rév., 6 : 837-850. 1916.

Curtis, JF , Les dispositions administratives de la loi fiscale de 1913. QJE, 28 : 31-45. 1913-1914.

Hoffmann, IN , Administration des douanes en vertu de la loi tarifaire de 1913. JPE, 22 : 845-871. 1914.

McKinley, Wm. , Histoire de la législation tarifaire, 1812-1896. 1896.

Sumner, WG , Histoire de la protection aux États-Unis. 1877.

Taussig, FW , Comment les tarifs ne devraient pas être établis. AE Rév., 1 : 20-32. 1911.

Taussig, FW , Histoire tarifaire des États-Unis. 6e éd., 1914.

Taussig, FW , Le débat tarifaire de 1909 et la nouvelle loi tarifaire. QJE, 24 : 1-38. 1909-1910.

* *Willis, HP* , Le tarif de 1913. JPE, 22 : 1-42, 105-131, 218-238. 1914.

DES QUESTIONS.

1. À la lumière de l'histoire des tarifs douaniers américains, quels étaient selon vous (1) les principaux avantages et (2) les principaux inconvénients d'un tarif hautement protecteur en tant que principale source de revenus publics ? Illustrez vos propos par des références historiques.

2. Si d'autres pays peuvent transporter notre commerce à moindre coût que nous et si les citoyens de ce pays peuvent investir leur argent avec plus de profit dans d'autres industries, quels sont les avantages et les inconvénients de permettre à ces pays de transporter notre commerce ?

3. Tableau et diagramme les valeurs des importations et des exportations des États-Unis vers et depuis l'Europe, l'Amérique du Nord, l'Afrique du Sud, l'Asie, l'Océanie et l'Afrique pour les cinq dernières années déclarées. Discutez de la question des exportations et importations américaines dans un paragraphe ne dépassant pas 200 mots. Stat. Abs . (sous Progrès des États-Unis).

4. Faites une liste des dix principaux articles exportés et des dix principaux articles importés aux États-Unis pour la dernière année disponible. Que

montrent-ils quant à la position des États-Unis dans le commerce international ? Stat. Abs .

CHAPITRE 16
OBJETS ET PRINCIPES DE LA FISCALITÉ

LES RÉFÉRENCES.

* *Bullock, CJ* , Lectures sélectionnées sur les finances publiques. 1906. Ch . . VIII, IX.

La croissance des dépenses fédérales. PSQ, 18 : 97-111. 1903.

* *Daniels* , partie. II, ch . I-IV.

Edgeworth, FY , L'élément subjectif dans les premiers principes de la fiscalité. QJE, 24 : 459-470. 1909-1910.

* *Plehn* , *CC* , Finances publiques. 3e éd., rév et enl. 1913. Points. Moi, II.

Table ronde sur la fiscalité. AE Assn. Bul., 4e série, 1 (n° 2) : 333-346. 1911.

Seligman, ERA , Essais en fiscalité. 8e éd., 1913.

DES QUESTIONS.

1. La fiscalité porte-t-elle parfois atteinte au droit de propriété privée ?

2. Qu'est-ce qu'un citoyen reçoit en échange de ses impôts ?

3. Existe-t-il une relation entre les impôts payés et les avantages obtenus du gouvernement ?

4. De quelle manière pouvons-nous comprendre la proposition selon laquelle l'imposition devrait être proportionnelle à la capacité ?

5. Certains affirment que le recours par l'État à des impôts indirects accroît les inégalités existantes dans la répartition personnelle des richesses. Quelles raisons peuvent être avancées pour ou contre cette opinion ?

CHAPITRE 17
IMPÔTS FONCIERS ET SUR LES SOCIÉTÉS

LES RÉFÉRENCES.

Brooks, RC, L'impôt impérial allemand sur les augmentations non gagnées. QJE, 25 : 682-709. 1910-1911.

Bullock, ch . XI, XV.

Compton, WM, Tendances récentes dans la réforme de la fiscalité forestière. JPE, 23 : 971-979. 1915.

* *Hamilton*, Lectures, 560, 561.

Robinson, MH, L'impôt fédéral sur les sociétés. AE Rév., 1 : 691-723. 1911.

* *Livre source*, 130-137.

Tucker, RS, Les taxes britanniques sur la valeur des terres en pratique. QJE, 29 : 794-819. 1914-1915.

Bureau of Corporations des États-Unis, Rapport sur la fiscalité des sociétés. Points. I-IV. 1909-1912.

Rapport spécial sur la fiscalité. 1913.

Young, AN, Le mouvement de l'impôt unique aux États-Unis. 1916.

DES QUESTIONS.

1. Un récent article de journal dit : "C'est l'année où l'on évalue les biens immobiliers. Lâchez la vache dans la cour de devant, détruisez la clôture, donnez l'impression que les choses sont généralement délabrées, car ce sera de l'argent dans votre poche." Qu'est-ce que cela indique en matière de fiscalité ?

2. Les parties d'une succession divisées en quinze parts égales par des agents immobiliers experts furent peu après évaluées diversement entre 900 $ et 2 850 $ aux fins d'imposition. Qu'est-ce que cela indique ? (Extrait des problèmes de Sumner.)

3. Expliquez comment et pourquoi l'impôt foncier général s'est effondré aux États-Unis en référence à l'imposition des sociétés de service public.

4. Qu'entend-on par séparation des revenus de l'État et des revenus locaux ? Quels avantages les partisans de la séparation revendiquent-ils pour leur projet ? Quel est votre jugement quant à son opportunité ?

5. Que signifie la proposition selon laquelle un impôt unique sur la valeur des terres est payé à tout moment par celui qui possède la terre au moment où l'impôt est imposé pour la première fois ?

6. Comment le Massachusetts impose-t-il les chemins de fer interétatiques qui traversent l'État ? Quels défauts, le cas échéant, voyez-vous dans le plan du Massachusetts ?

7. La fiscalité peut-elle être utilisée pour sécuriser une partie des bénéfices des grandes entreprises ?

CHAPITRE 18
IMPÔTS PERSONNELS

LES RÉFÉRENCES.

Adams, TS , L'effet des impôts sur le revenu et les successions sur la répartition de la richesse. AE Rev., 5 (n° 1, sup.) : 234-244. 1915.

La place de l'impôt sur le revenu dans la réforme de la fiscalité de l'État. AE Assn. Bul., 4e série, 1 (n° 2) : 302-321. 1911.

* *Blakey, RG* , Le nouvel impôt sur le revenu. AE Rév., 4 : 25-46. 1914.

Bowley, AL , Le super-impôt britannique et la répartition des revenus. QJE, 28 : 255-268. 1913-1914.

* *Bullock* , chap . XII, XVI.

La fiscalité de la propriété et des revenus dans le Massachusetts. QJE, 31 : 1-61. 1916-1917.

Daniels , partie 1. II, ch. VIII.

Grice, JW , Développements récents en matière de fiscalité en Angleterre. AE Rév., 1 : 488-504. 1911.

Hill, JA , L'impôt sur le revenu de 1913. QJE, 28 : 46-68. 1913-1914.

Seligman, ERA , L'impôt sur le revenu. Éd., 1914.

Smith, RH , Répartition des revenus en Grande-Bretagne et incidence de l'impôt sur le revenu. QJE, 25 : 216-238. 1910-1911.

Ouest, Max , Les droits de succession. 2e éd., 1908.

DES QUESTIONS.

1. Quel est le statut actuel des droits de succession dans les Commonwealth américains ?

2. Discutez de la proposition selon laquelle le revenu est la source normale d'imposition.

3. Décrivez l'historique de la législation fiscale sur le revenu du gouvernement fédéral. Quelles ont été les conditions qui ont conduit à la législation sur l'impôt sur le revenu de 1913 ?

4. Quelle conception du revenu le récent impôt sur le revenu incarne-t-il ? Illustrez quelques distinctions particulières résultant de cette utilisation du terme « revenu ».

5. Quelle est votre opinion concernant la justice de la fiscalité progressive ?

6. Nommez les deux principaux arguments en faveur d'une fiscalité progressive. Quels sont les deux arguments en faveur d'une fiscalité progressive qui vous paraissent les plus forts et pourquoi ? Quels sont les deux arguments contre la fiscalité progressive qui vous paraissent les plus faibles et pourquoi ? À quels types d'impôts, le cas échéant, le principe de progression est-il inapplicable et pourquoi ?

CHAPITRE 19
MODALITÉS DE RÉMUNÉRATION INDUSTRIELLE

LES RÉFÉRENCES.

* *Adams, TS* et *Sumner, HL* , Problèmes de travail. 8e éd., 1914. Chs . IV, IX, X.

Commons, JR (Ed.), Syndicalisme et problèmes du travail. 1905. Ch. XI.

* *Commons, JR* et *Andrews, JB* , Principes de la législation du travail. 1916. Ch. II, sec. 1-3.

Cross, Ira B. , Coöperation in California. AE Rév., 1 : 535-544. 1911.

Fay, CR , Coöperation en Suisse et à l'étranger. 1898.

Gilman, NP , Partage des bénéfices entre employeur et employé. 1889.

Hoxie, RF , Pourquoi le travail organisé s'oppose à la gestion scientifique. QJE, 31 : 62-85. 1916-1917.

Table ronde. Efficacité industrielle et intérêts du travail. AE Rev., 2 (n° 1, sup.) : 117-130. 1912.

Schloss, DF , Modalités de rémunération industrielle. 3e éd., 1898.

Virtue, GO , Coöperative Cooperative de Minneapolis. QJE, 19 : 527-544. 1904-1905.

Wolff, HW , *Opportunités de* coopération négligées . Écon. Rév., 16 : 190-206. 1906.

DES QUESTIONS.

1. Avec une division croissante du travail, y a-t-il plus ou moins de possibilités de rémunération des ouvriers selon le système du salaire aux pièces ?

2. Discutez de l'énoncé suivant : Dans le système de travail aux pièces, le contremaître veille à la qualité et l'opérateur à la quantité du travail ; Dans le système du salaire au temps, le contremaître veille à la quantité et l'ouvrier à la qualité du travail.

3. Quel remède le contremaître a-t-il contre un ouvrier inefficace travaillant selon le système du salaire au temps ?

4. Le travail à temps ou aux pièces est-il le mieux adapté aux types de travailleurs suivants : mineurs de charbon, tonneliers, ouvriers agricoles, imprimeurs, graveurs, ouvriers d'usine de chaussures, freineurs de chemin de fer, opérateurs de télégraphe ?

5. Puisque, dans le système du travail aux pièces, un homme n'est payé que pour ce qu'il fait, y a-t-il une raison de licencier un ouvrier employé dans ce système dont le rendement est inférieur à la moyenne ?

6. Décrivez tout cas de participation aux bénéfices que vous avez pu voir fonctionner.

7. Dans le cas d'un magasin général coopératif , des bénéfices économiques émergent-ils ? Si oui, où vont-ils ?

8. Si vous avez vu un magasin coopératif en activité, dites quel a été son succès.

la coopération des producteurs et des consommateurs , en montrant les difficultés et les avantages.

CHAPITRE 20
LE TRAVAIL ORGANISÉ

LES RÉFÉRENCES.

* *Adams* et *Sumner* , ch . VI, VII.

Barnett, GE , Systèmes nationaux et de district de négociation collective aux États-Unis. QJE, 26 : 425-443. 1911-1912.

Barnett, GE , La domination du syndicat national dans l'organisation syndicale américaine. Ibid., 27 : 455-481. 1912-1913.

Carlton, FT , L'histoire et les problèmes du travail organisé. 1911.

Communes , ch . II, VI.

* *Commons* et *Andrews* , Ch. III, sec. 1.

Groat, GG , Une introduction à l'étude du travail organisé en Amérique. 1916.

Hoxie, RF , Gestion scientifique et travail. 1915.

Hoxie, RF , La vérité sur l'IWWJPE, 21 : 785-797. 1913.

Hoxie, RF , Le syndicalisme aux États-Unis : caractère général et types ; l'interprétation des types d'unions. JPE, 22 : 201-217, 464-481. 1914.

Lewis, HT , Les fondements économiques de la lutte pour le système fermé. JPE, 20 : 928-952. 1912.

McCabe, DA , Le taux standard dans les syndicats américains. 1912.

Mitchell, John , Travail organisé. 1902.

* *Source Book* , 214-227 (extrait de McCabe).

Webb, Sidney et Beatrice , Démocratie industrielle. 1897.

Wolman, L. , Le boycott des syndicats américains. 1916.

LES QUESTIONS.

1. Les possibilités pour les ouvriers de s'élever au rang de maîtres sont-elles aussi grandes qu'autrefois ?

2. Quelles sont les principales causes de l'origine et de l'essor des syndicats ? Distinguer un syndicat et un syndicat.

3. Quelles sont les conditions favorables aux accords nationaux entre syndicats et associations d'employeurs ? Expliquez clairement la portée de chacune de ces conditions.

4. Décrivez les pratiques incluses sous le terme « action directe » et comparez-les avec les méthodes de négociation collective et de législation.

5. Les grèves deviennent-elles plus ou moins fréquentes et importantes dans votre État ? En réponse à cette question, donnez, si possible, des chiffres à partir de 1881, indiquant le nombre de grèves ; établissements concernés et dans quelle mesure ; perte de salaire et pour les employeurs. Diagramme des figures. Réf., US Bu. du Travail, rapport annuel, 1906.

6. Les syndicats augmentent-ils ou diminuent-ils le nombre de grèves ?

7. Si vous étiez dirigeant d'un syndicat, déclencheriez-vous une grève lorsque le commerce se porte bien ou lorsqu'il est mauvais ?

8. Est-ce que cela fait une différence dans la permanence d'une augmentation de salaire provoquée par une grève, que l'employeur soit l'un des plus performants ou l'un des moins performants dans ce secteur ?

9. Donnez des exemples des différents types de boycott. Quelle semble être l'attitude des tribunaux fédéraux quant à la légalité des boycotts ?

10. Existe-t-il une similitude entre les méthodes des syndicats et l'étiquette des professions médicales et juridiques ?

11. Certains syndicats limitent le nombre d'apprentis dans leur métier. Est-ce une politique justifiable de leur part ?

12. Parmi les méthodes employées par les syndicats pour augmenter les salaires de leurs membres, lesquelles sont préjudiciables et qui ne portent pas préjudice aux intérêts du reste de la communauté, y compris du travail non syndiqué ? Donne des raisons.

13. Les salaires peuvent-ils être affectés par la "négociation collective" des syndicats et, dans l'affirmative, indiquer à cet égard une justification (si elle existe) pour l'organisation syndicale.

14. Si un syndicat fixe un taux de salaire minimum inférieur au taux concurrentiel du marché en l'absence d'organisation, quel taux les membres recevront-ils ? Énoncez les faits du livre source qui vous mènent à votre réponse.

15. Les syndicats ont-ils augmenté ou diminué les salaires des travailleurs non syndiqués ?

16. Quelle est l'attitude des syndicats américains à l'égard des systèmes d'efficacité en tant que tentatives d'introduire des méthodes de production améliorées (et non des systèmes de paiement) ?

CHAPITRE 21
RÉGLEMENTATION PUBLIQUE DES HORAIRES ET DES SALAIRES

LES RÉFÉRENCES.

Abbott, Edith , Progrès du salaire minimum en Angleterre. JPE, 23 : 268-277. 1915.

Les femmes dans l'industrie. 1915.

* *Adams* et *Sumner* , ch . II, VIII, XII, art. 1-4, 9, XIII, sec. 2.

Barnett, GE et *McCabe, DA* , Médiation, enquête et arbitrage des conflits du travail. 1916.

Clark, VS , Le mouvement ouvrier en Australasie. 1906.

Communes , ch . VII, VIII, XVIII, XXI.

* *Commons* et *Andrews* , ch . III, sec. 2, 3, IV, V.

Compton, WM , Théories des salaires dans l'arbitrage industriel. AE Rév., 6 : 324-342. 1916.

Hammond, MB , Interprétation judiciaire du salaire minimum en Australie. AE Rév., 3 : 259-286. 1913.

Hammond, MB , Conseils des salaires en Australie. QJE, 29 : 98-148, 326-361, 563-630. 1914-1915.

Holcombe, AN , Le salaire minimum légal aux États-Unis. AE Rév., 2 : 21-37. 1912.

Kelley, Florence , Lois sur le salaire minimum. JPE, 20 : 999-1010. 1912.

Millis, HA , Quelques aspects du salaire minimum. JPE, 22 : 132-155. 1914.

Mote, CH , Arbitrage industriel. 1916.

Personnes, CE , Travail et salaires des femmes aux États-Unis. QJE, 29 : 201-234. 1914-1915.

Suffern, AE , Conciliation et arbitrage dans l'industrie charbonnière américaine. 1915.

Bureau des statistiques du travail des États-Unis , Bul. 175. 1915. Résumé du rapport sur les femmes et les enfants salariés.

Webb, Sidney , La théorie économique d'un salaire minimum légal. JPE, 20 : 973-998. 1912.

Wise, EF , Conseils des salaires en Angleterre. AE Rév., 2 : 1-20. 1912.

DES QUESTIONS.

1. Si vous pouvez faire plus de travail en deux heures qu'en une seule, pouvez-vous en faire plus de manière continue en seize heures consécutives qu'en huit ?

2. Qu'est-ce qui détermine la durée maximale d'étude pour l'étudiant sérieux ?

3. Quand un homme travailleur arrête-t-il de travailler dans sa propre ferme, et pourquoi ?

4. Si la production est réduite d'un quart par des heures de travail plus courtes, le « travail est-il fait » à ce point pour les chômeurs ?

5. Défendre la politique du salaire minimum du point de vue des travailleurs et exprimer les objections des employeurs à son égard.

6. Supposons qu'il soit proposé d'établir par la loi une journée universelle de neuf heures pour les hommes.

a) Dans quelles conditions considéreriez-vous qu'une telle loi serait socialement bénéfique ?

b) Quels autres organismes pourraient atteindre les objectifs visés par une telle loi ?

(c) Quels sont les principaux effets sociaux et économiques que vous attendez d'une telle loi ?

CHAPITRE 22
AUTRES LÉGISLATIONS PROTECTRICES DU TRAVAIL ET SOCIALES

LES RÉFÉRENCES.

* *Adams* et *Sumner* , ch . V, sec. 3, XII, sec. 5, XIII, sec. 3.

Addams, Jane , La législation sur le travail des enfants, une condition nécessaire à l'efficacité industrielle. AAA, 25 : 542-550. 1905.

Communes , ch . XIV, XIX, XX, XXII, XXIII, XXVI, XXXVIII.

* *Commons* et *Andrews* , ch . VI, VII, IX.

Fisher, WC , Le domaine de l'indemnisation des accidents du travail aux États-Unis. AE Rév., 5 : 221-278. 1915.

Leiserson , WM , Le mouvement pour les bourses publiques du travail. JPE, 23 : 707-716. 1915.

Pigou, AC , Chômage. 1914.

Rubinow , IM , Le problème du chômage. JPE, 21 : 313-331. 1913.

Rubinow , IM , Assurance chômage subventionnée. Ibid., 412-431. 1913.

Sumner, HL et *Merritt, EA* , Législation sur le travail des enfants aux États-Unis. 1915.

Bureau des statistiques du travail des États-Unis , Bul. 159. 1915.

DES QUESTIONS.

1. Quelles catégories de biens ou de services économiques sont réglementées par la loi et pourquoi ?

2. Y a-t-il des similitudes entre les syndicats et les tarifs douaniers ? Entre tarifs douaniers et législation industrielle ?

3. Quelles raisons sont avancées pour justifier les lois fermant les salons de coiffure le dimanche ?

4. Une personne possédant un terrain dans une rue résidentielle d'une ville peut-elle y construire une usine de colle ?

5. Qu'avez-vous noté quant aux avantages ou aux inconvénients de restreindre le travail des enfants dans les usines ?

6. Dans quels types de législation sociale le caractère fédéral de notre gouvernement constitue-t-il un obstacle sérieux à l'expérimentation ? Montrez clairement les raisons.

7. Si la population devenait stationnaire, sans augmenter ni diminuer en nombre, et si l'on découvrait des méthodes qui rendraient possible la production de la même quantité de richesse par an qu'aujourd'hui avec seulement la moitié de la force de travail employée, et si la durée moyenne du travail Si la journée n'était pas raccourcie, n'y aurait-il pas un manque d'emploi important et apparemment permanent ? Discutez en profondeur et justifiez votre réponse.

8. Dans quel sens le « chômage », si manifeste en période de dépression industrielle, est-il la preuve que le nombre de travailleurs « dépasse le travail à accomplir » ?

CHAPITRE 23
ASSURANCE SOCIALE

LES RÉFÉRENCES.

Adams et *Sumner*, ch. XII, art. 6-8.

Baldwin, FS, Les régimes de pension de vieillesse : une critique et un programme. QJE, 24 : 713-742. 1909-1910.

Communes, ch. XXV.

* *Commons* et *Andrews*, ch. VIII.

Foerster, RF, La loi britannique sur l'assurance nationale. QJE, 26 : 275-312. 1911-1912.

Frankel, LK, et *Dawson, MM*, L'assurance des travailleurs en Europe. 1910.

Henderson, CR, L'assurance industrielle aux États-Unis. 1909.

Lewis, FW, assurance publique. 1909.

Fédération Civique Nationale, Direction des Assurances Sociales, Rapport de la commission d'enquête préliminaire étrangère. 1915.

Rubinow, *IM*, Normes d'assurance maladie. JPE, 23 : 221-251, 327-364, 437-464. 1915.

Bureau du travail des États-Unis, rapports annuels, 1908, 1909.

Warren, BS et *Sydenstricker*, *Edgar*, Assurance maladie. 1916.

DES QUESTIONS.

1. Les accidents du travail sont-ils plus fréquents dans les métiers mal rémunérés ou dans les métiers bien rémunérés ?

2. Suggérer les avantages et les inconvénients d'un système général d'assurance industrielle obligatoire pour la vieillesse, la maladie et les accidents. Quelles sont les différences essentielles entre ces trois formes d'assurance ?

3. Montrer dans quelle mesure un système d'assurance des travailleurs a été développé dans l'un des pays suivants : Allemagne, France, Italie, Angleterre. Dans le développement d'un système général d'assurance des travailleurs aux États-Unis, laquelle des formes ci-dessus apparaîtra probablement en premier ? Pour quelles raisons un système de ce type n'a-t-il pas été développé aux États-Unis ? Henderson, CR, Assurance industrielle.

CHAPITRE 24
POPULATION ET IMMIGRATION

LES RÉFÉRENCES.

* *Adams* et *Sumner* , ch. III.

* *Commons* et *Andrews* , ch. II, sec. 4.

Fairchild, HP , Immigration. 1913.

    « Le niveau de vie : en hausse ou en baisse ? AE Rev., 6 : 9-25. 1916.

Entrave, FA , Population ou prospérité. AE Rev., 3 (n° 1, sup.) : 5-19. 1913. (Discours présidentiel devant l'American Economic Association, 1912, dont une grande partie est incorporée au chapitre 24 du texte.)

Goldenweiser , *EA* , La théorie de Walker sur l'immigration. Suis. J. Soc, 18 : 342-351. 1912-1913.

Hall, PF , L'histoire récente de l'immigration et des restrictions à l'immigration. JPE, 21 : 735-751. 1913.

* *Hamilton* , Lectures, 384-386, 392-395.

Mari, WW , L'importance de l'émigration. AE Rev., 2 (n° 1, sup.) : 79-85. 1912. Table ronde ci-dessus, 86-88.

Jenks, JW et *Lauck* , *WJ* , Le problème de l'immigration. 1912.

Lauck , *WJ* , Le salarié américain en voie de disparition. Atlan . Mo., 110 : 691-696. 1912.

* *Matériaux* , 146-156.

Mayo-Smith, Richmond , Statistiques et économie. 1899. Livre. Moi, ch. V.

Mayo-Smith, Richmond , Statistiques et sociologie. 1895. Livre. Moi, chs . V-VII.

Millis, HA , Quelques aspects économiques de l'immigration japonaise. AE Rév., 5 : 787-804. 1915.

Page, TW , La répartition des immigrants aux États-Unis avant 1870. JPE, 20 : 676-694. 1912.

Page, TW , Quelques aspects économiques de l'immigration avant 1870. Ibid., 20 : 1011-1028 ; 21 : 34-55. 1912, 1913.

Roberts, Peter , La nouvelle immigration. 1912.

Ross, EA , L'ancien monde dans le nouveau. 1914.

* *Livre source* , 187-198. (Extrait de Jenks et Lauck .)

Warne, FJ , La marée de l'immigration. 1916.

DES QUESTIONS.

1. Calculez et tracez les changements qui ont eu lieu dans notre immigration en ce qui concerne (1) le montant, (2) le caractère. Quels problèmes ces faits posent-ils ? Stat. Abs .

2. Expliquez les termes « la nouvelle immigration » et « l'ancienne immigration » et donnez les faits statistiques importants les concernant.

3. Montrer l'application de la doctrine de la population au problème actuel de l'immigration et des salaires en Amérique.

4. Les chiffres sur l'immigration démontrent-ils la nécessité d'une législation restreignant l'immigration ?

5. Quel a été l'effet de l'immigration récente aux États-Unis sur l'utilisation des machines ?

6. Appliquer la théorie des salaires pour expliquer l'effet de l'immigration actuelle sur les salaires des travailleurs non ou peu qualifiés.

7. Si l'offre de travail d'une classe quelconque devait diminuer de dix pour cent, les salaires augmenteraient-ils dans la même proportion ?

8. L'immigration contribue-t-elle désormais au bien-être général aux États-Unis ? Énoncez les faits et les principes économiques généraux sur lesquels vous basez votre réponse.

9. S'il y avait une immigration d'un demi-million de travailleurs par an dans un pays pendant une période de dix ans – pendant laquelle aucune nouvelle ressource naturelle n'était disponible, les salaires dans ce pays en seraient-ils affectés ? Si oui, de quelles catégories de travailleurs ? Quel serait l'effet sur le montant des revenus perçus par les propriétaires fonciers ?

10. Expliquez comment les principes généraux de détermination des prix s'appliquent à la détermination des salaires. Montrez comment ces principes s'appliquent lorsque les Européens du Sud et de l'Est sont largement employés. (Voir le livre source.)

11. Si, sur un marché du travail donné, le nombre de travailleurs augmente alors que le nombre et l'efficacité technique des agents indirects restent inchangés, quel changement, le cas échéant, entraînera le taux de salaire

moyen ? Quel changement y aura-t-il, le cas échéant, dans le rendement des agents indirects ?

12. La main-d'œuvre ordinaire et non qualifiée est-elle « rare » (dans un sens raisonnable du terme) en Chine ? aux États-Unis?

CHAPITRE 25
POPULATION AGRICOLE ET RURALE

LES RÉFÉRENCES.

Carver, TN , Lectures sélectionnées en économie rurale. 1916.

Carver, TN , Le travail de l'organisation rurale . JPE, 22 : 821-844. 1914.

Coulter, JL , Développement agricole aux États-Unis, 1900-1910. QJE, 27 : 1-26. 1912-1913.

Hibbard, BH , location dans les États du centre-nord. QJE, 25 : 710-729. 1910-1911.

Hibbard, BH , Location dans les États de l'Atlantique Nord. QJE, 26 : 105-117. 1911-1912.

Hibbard, BH , Location dans les États de l'Ouest. QJE, 26 : 363-376. 1911-1912.

Hibbard, BH , Location dans les États du sud. QJE, 27 : 482-496. 1912-1913.

Hoagland, HE , Le mouvement de la population rurale dans l'Illinois. JPE, 20 : 913-927. 1912.

Nourse , EG , Economie agricole. 1916. (Un grand volume de lectures, bien sélectionnées et éditées.)

Table ronde. Le déclin de la population rurale. AE Rev., 2 (n° 1, supp) : 51, 52. 1912.

Table ronde. Conditions rurales dans le sud. Ibid., 48-50. 1912.

Taylor, HC , Économie agricole. 1905.

Vogt, PL , Le revenu du travail de l'agriculteur. AE Rév., 6 : 808-822. 1916.

DES QUESTIONS.

1. Citez tous les cas que vous avez notés de changements locaux dans la répartition de la population entre le pays et la ville. Quels sont les principaux faits intéressants dans ces affaires ? Quelles forces pouvez-vous attribuer comme causes des changements ? L'activité agricole a-t-elle été accélérée ou retardée ? A-t-il subi un revers ?

2. Un riche banquier métropolitain achète un grand domaine rural dans une région où l'agriculture est pratiquement de subsistance et où, ces dernières années, de nombreuses fermes ont été abandonnées. Il applique généreusement du travail et des matériaux au sol, n'épargnant aucune

dépense à des fins qui contribueront à la production de récoltes de la meilleure qualité. Dans quelles conditions cela peut-il être rentable ? Quel sera l'effet probable sur l'agriculture locale, (a) si la totalité du produit du domaine y est consommée ? b) si une partie substantielle du produit est commercialisée en concurrence avec celle des agriculteurs locaux ? Quels changements sont susceptibles de se produire en ce qui concerne l'occupation de la population locale ? En référence à sa migration ?

3. Pourquoi les immigrants s'emparent-ils désormais des fermes de la Nouvelle-Angleterre qui, dans certains cas, ont été abandonnées depuis des années par les agriculteurs autochtones ? Le fait qu'ils le fassent est-il un argument pour ou contre la restriction de l'immigration ?

4. Quelle est la tendance générale des immigrants en matière d'établissement dans les communautés urbaines et rurales ?

5. S'il est vrai que le déclin relatif de la population agricole des États-Unis peut s'expliquer par l'action de forces purement économiques, pour quelles raisons peut-on se plaindre des méfaits de la concentration de la population dans les villes ?

CHAPITRE 26
PROBLÈMES DE L'ÉCONOMIE AGRICOLE

LES RÉFÉRENCES.

Carver, TN , Lectures sélectionnées en économie rurale. 1916.

Coulter, JL , Commercialisation des terres agricoles au Minnesota et au Dakota du Nord. AE Rév., 2 : 282-301. 1912.

Goldenweiser , *EA* , Le revenu de l'agriculteur. AE Rév., 6 : 42-48. 1916.

Huebner, GG , Commerce agricole : l'organisation du commerce américain des matières premières agricoles. 1915.

Annuaire de l'Institut international des statistiques agricoles. Monographies sur la coopération agricole dans divers pays. 1916.

Kemmerer, EW , Le crédit agricole aux États-Unis. AE Rév., 2 : 852-872.

* *Matériaux* , 407, 408, 409.

Metcalf, R. et *Black, CG* , Coopération de crédit rural et organisation agricole en Europe. 1915.

Olmsted, VH , Le pouvoir d'achat des produits agricoles. Département de l'agriculture des États-Unis, rapport, 1912.

* *Phillips* , ch. XXVII. Sur le crédit agricole.

Powell, FW , Commercialisation coopérative de fruits frais de Californie. QJE, 24 : 392-418. 1909-1910.

Putnam, GE , Législation sur le crédit agricole et problème de location. AE Rév., 5 : 805-815. 1915.

Putnam, GE , Crédit agricole au Kansas. Ibid., 27-37. 1915.

Putnam, GE , Le projet de loi fédéral sur le crédit rural. Ibid., 6 : 770-789. 1916.

Shaw, AW , Quelques problèmes de répartition sur le marché. QJE, 26 : 703-765. 1911-1912.

* *Livre source* , 34-47, 48-57, 75-80, 81-90.

Warren, GF , Gestion agricole. 1913. (Traite principalement le problème de l'exploitation agricole individuelle, mais aussi de nombreuses questions économiques plus larges.)

Weld, LDH , La commercialisation des produits agricoles. 1916.

DES QUESTIONS.

1. Pourquoi la forme sociale des organisations commerciales n'a-t-elle pas été introduite aussi largement dans le secteur agricole que dans d'autres secteurs ?

2. Discutez des déclarations suivantes tirées d'un article sur la loi fédérale sur les prêts agricoles de 1916. « Il n'était pas nécessaire d'adopter une quelconque législation fédérale affectant le problème du crédit foncier des propriétaires fonciers . problème urgent... celui de rendre les conditions de vie à la campagne plus attractives pour la *jeune* génération d'agriculteurs. Pour atteindre cet objectif, une certaine forme de législation sur l'achat de terres est nécessaire. Amer. Écon. Rév., 6 : 789. 1916.

3. Dans quelle mesure les districts urbains et ruraux diffèrent-ils dans leur préférence et leur utilisation des différents types de crédit bancaire ?

CHAPITRE 27
LE PROBLÈME FERROVIAIRE

LES RÉFÉRENCES.

Brown, HG , La concurrence des entreprises de transport. AE Rév., 4 : 771-792. 1914.

Brown, HG , Tarifs de transport et leur réglementation. 1916.

Clark, JM , Quelques phases négligées de la réglementation des tarifs. AE Rév., 4 : 565-574. 1914.

Dixon, FH , The Mann-Elkins Act, modifiant la loi visant à réglementer le commerce. QJE, 24 : 593-633. 1909-1910.

Dunn, SO , Discrimination ferroviaire. JPE, 20 : 437-461. 1912.

Gephart, WF , La place du canal dans un système national de transport. AE Assn. Bul., 4e série, 1 (no 2) : 188-196. 1911. Table ronde, 197-203.

Hadley, AT , Transport ferroviaire. 1884.

Hammond, MB , Théories des tarifs ferroviaires de la Commission du commerce interétatique. QJE, 25 : 1-66, 279-336, 471-538. 1909-1910.

Johnson, ER , transport ferroviaire américain. 3e éd., 1908.

Johnson, ER , Politique de la navigation intérieure. AE Assn. Bul., 4e série, 1 : 166-174. 1911.

Johnson, ER , Les principes de la réglementation gouvernementale des chemins de fer. PSQ, 15 : 37-49. 1900.

McFall, RJ , Monopole ferroviaire et réglementation des tarifs. 1916.

Matériaux , 627, 628.

Meyer, BH , Certaines considérations liées à la tarification ferroviaire. AE Rev., 4 (n° 1, sup.) : 69-80. 1914. Table ronde sur ce qui précède, 81-100.

Prouty, CA , Discriminations ferroviaires et combinaisons industrielles. AAA, 15 : 41-50. 1900.

Ripley, WZ , (Ed.), Problèmes ferroviaires. 1907.

Ripley, WZ , Chemins de fer : tarifs et réglementation. 1912.

Ripley, WZ , Surcapitalisation des chemins de fer. QJE, 28 : 601-629. 1913-1914.

Ripley, WZ , Chemins de fer : finance et organisation. 1915.

* *Livre source* , 361-367, 368-378, 379-382.

DES QUESTIONS.

1. Pourquoi le transport est-il un problème plus important aux États-Unis qu'en Europe ?

2. Montrez de quelle manière les voies navigables naturelles ont déterminé l'emplacement des principales villes d'Amérique.

3. Donnez des exemples de villes dont la croissance a été provoquée par les chemins de fer.

4. Sur la base de quelles considérations les marchandises sont-elles classées pour être expédiées par chemin de fer ? La classification est-elle une discrimination injuste ? Illustrer par un exemple.

5. Quelles catégories d'intérêts sont concernées par l'augmentation du poids minimum des wagons complets ? Expliquez dans chaque cas si l'effet est favorable ou défavorable et quelles en sont les raisons.

6. Le coût du service a-t-il quelque chose à voir avec les tarifs facturés par les chemins de fer ?

7. Donnez un exemple de territoire à taux forfaitaire et les raisons qui le justifient.

8. Qu'est-ce que la clause « long et court terme » de l'Interstate Commerce Act ? Expliquez pourquoi les chemins de fer imposent des tarifs qui contreviennent aux termes de cette clause et pourquoi le gouvernement devrait interdire aux chemins de fer d'établir de tels tarifs.

9. Un chemin de fer reliant deux points compétitifs facture un quart de cent par tonne-mile sur les expéditions de céréales en provenance de son terminus intérieur, tandis qu'il facture un cent par tonne-mile sur les expéditions de céréales en provenance d'un territoire non compétitif. Quelles considérations ont probablement conduit à l'établissement des tarifs ci-dessus ?

Le chemin de fer ne pourrait-il pas augmenter ses revenus nets en augmentant le tarif du trafic de transit à un demi-cent par tonne-mile et en abaissant le tarif local à trois quarts de cent par tonne-mile ?

10. Le taux sur le maïs en lots complets d'Omaha, Neb. à Newport News, Virginie, est de 10 cents par cent livres. Depuis la région d'Omaha, il existe des transporteurs concurrents vers le Golfe et d'autres ports de l'Atlantique. Le taux sur le maïs en lots complets depuis des points de Virginie jusqu'à Newport News sur le même itinéraire est de 12 cents par cent livres. Les

tarifs locaux ne pourraient-ils pas être réduits si les transporteurs avançaient les tarifs sur les transports longue distance ?

11. Quels cas avez-vous vu où les chemins de fer imposent injustement au public ?

12. Donnez des cas que vous avez vus ou entendus où deux expéditeurs ont payé des tarifs différents pour le même service.

13. Connaissez-vous des grandes villes qui constituent des points d'expédition plus favorables que les villes voisines ?

14. De quels droits légaux disposent les constructeurs d'un chemin de fer dont tous les citoyens ne jouissent pas ?

15. Voyez-vous une distinction claire entre le caractère public d'un chemin de fer et celui d'une calèche ?

16. Quel mal peut-il y avoir à ce que les juges, les législateurs et autres fonctionnaires acceptent les laissez-passer ?

17. La loi devrait-elle interdire la vente de billets par des « scalpers » ?

18. Si votre voisin voyage avec un laissez-passer et que vous payez votre billet, aidez-vous à payer son trajet ?

19. Pourquoi les prédicateurs devraient-ils bénéficier de tarifs réduits ?

20. Quelles sont les principales raisons de la réglementation gouvernementale des chemins de fer ?

21. Pourquoi la question du contrôle des chemins de fer dans l'intérêt du public présente-t-elle des difficultés particulières en Amérique ?

CHAPITRE 28
LE PROBLÈME DU MONOPOLE INDUSTRIEL

LES RÉFÉRENCES.

Bolen, GL , Faits clairs concernant les fiducies et le tarif. 1902.

Collier, WM , Les fiducies. 1900.

Cotter, A. , L'histoire authentique de la United States Steel Corporation. 1916.

Hobson, JA , L'évolution du capitalisme moderne. Éd., 1912. Ch. V.

Jones, Eliot , La combinaison de charbon anthracite aux États-Unis. 1914.

King, WI , La richesse et les revenus du peuple des États-Unis. 1915.

Meade, ES , L'économie de la combinaison. JPE, 20 : 358-372. 1912.

Financement de confiance. 1903.

Montague, GH , Fiducies d'aujourd'hui. 1904.

Ripley, WZ , Concentration industrielle telle que démontrée par le recensement. QJE, 21 : 651-658. 1906-1907.

(Ed.), Fiducies, pools et sociétés. Éd., 1916.

* *Livre source* , 255-264. (Extrait du Commissaire aux sociétés des États-Unis, Rapport sur le transport du pétrole.)

Stevens, WS , Classification des pools et des associations. AE Rév., 3 : 545-575. 1913.

Stevens, WS , (Ed.), Regroupements industriels et fiducies. 1913.

Stevens, WS , Un groupe de fiducies et de combinaisons. QJE, 26 : 593-643. 1911-1912.

Stevens, WS , La fiducie de poudre, 1872-1912. Ibid., 444-481. 1911-1912.

Commissaire aux sociétés des États-Unis , Rapport sur le transport du pétrole. 1906.

Willoughby, WF , L'intégration de l'industrie aux États-Unis. QJE, 16 : 94-115. 1901-1902.

DES QUESTIONS.

1. Quelles grandes fiducies ont été récemment créées ?

2. Énoncez les motifs de la création de fiducies, en séparant ceux qui sont socialement bénéfiques et ceux qui sont antisociaux.

3. Énumérez les avantages que possède un « trust » par rapport à un petit concurrent et indiquez lesquels d'entre eux sont le résultat d'une production à grande échelle et lesquels sont dus à la possession d'un pouvoir de monopole.

4. Existe-t-il des conditions dans lesquelles une combinaison constituerait une unité de production et de distribution plus économique qu'une seule usine suffisamment grande pour garantir tous les avantages découlant de la simple quantité de production ? Si oui, indiquez-les clairement.

5. Expliquer soigneusement les causes et les limites des avantages de la grande production. Donnez trois exemples d'industries dans lesquelles les avantages sont visibles.

6. Avez-vous observé la croissance d'une industrie locale depuis un début modeste jusqu'à des proportions importantes ? Si oui, comment l'expliquez-vous ?

7. Quel est le plus grand établissement manufacturier de votre ville natale ? Un certain nombre d'établissements plus petits du même type et dotés de la même capacité globale réussiraient-ils également ? Pourquoi?

8. Quelle relation a amélioré le transport et les autres moyens de communication avec les fiducies ?

9. Quelles sont les principales méthodes par lesquelles les fiducies ou les regroupements ont cherché à réaliser des économies en matière de gestion ?

10. Décrire les caractéristiques du pool, de la fiducie et de la société de portefeuille.

11. Décrivez toute entente dont vous avez connaissance, conclue entre commerçants ou fabricants dans le but de réglementer les prix. Les prix ont-ils augmenté ou baissé en conséquence ?

12. Qu'est-ce qu'un accord de prix simple ? En quoi est-ce différent d'une piscine ? Y a-t-il une différence en matière de légalité ? Les raisons.

13. Quelles sont les limites des pouvoirs des monopoles en matière de fixation des prix et de réalisation de profits ? Existe-t-il d'autres conditions qui tendraient à freiner la croissance indéfinie des combinaisons ?

14. Expliquer et illustrer par un exemple concret les circonstances liées au coût de production qui tendent à rendre un prix de monopole inférieur au prix concurrentiel antérieur pour le même article. Aucune référence n'est ici

destinée à des réductions de prix locales ou temporaires par des monopoles qui ont l'intention par de tels moyens de conquérir un marché local.

15. Si tout commerce est échange, les membres d'un trust ne réduisent-ils pas leurs revenus lorsqu'ils augmentent le prix de leurs produits par un accord artificiel ?

16. Cinq usines engagées dans la production d'un article donné dans différentes parties des États-Unis sont regroupées sous la propriété d'une seule société créée à cet effet. Avant la fusion, ces cinq usines produisaient 75 pour cent. de la production totale de l'article en question, chacun produisant environ 15 pour cent ; les 75 pour cent restants. a été produit par sept usines, aucune d'entre elles ne produisant plus de 5 pour cent. de la production totale. Chacune des cinq premières usines était suffisamment grande pour garantir toutes les économies connues sur les coûts de transformation de la matière première en produit physiquement fini, et chacune fonctionnait à sa pleine capacité. Le bénéfice net global des cinq usines était de 1 000 000 $ par an. Le coût de la reproduction de ces cinq est de 14 000 000 $. La nouvelle société émet et paie aux propriétaires des propriétés acquises 10 000 000 $ à 5 pour cent. obligations de première hypothèque, 6 000 000 $ d'actions privilégiées cumulatives et 8 000 000 $ d'actions ordinaires.

Qu'est-ce qui déterminera si cette combinaison possède un pouvoir de monopole ?

La société est-elle surcapitalisée ? Si oui, dans quelle mesure? Dites clairement ce que vous entendez par surcapitalisation ?

Est-il probable que les bénéfices de la nouvelle société seront supérieurs aux bénéfices globaux des cinq usines, si le prix du produit n'est pas augmenté ? Si oui, comment cette augmentation sera-t-elle obtenue ?

S'il y a une augmentation des bénéfices, comment le prix de chacun des trois types de titres de la société sera-t-il affecté ?

17. Supposons que la demande effective pour un certain type de biens dans l'ensemble du pays varie de la manière suivante avec les changements de prix indiqués :

1,00 $	1 000 000 d'unités
1.10	900 000 unités
1.20	800 000 unités
1h30	700 000 unités

1,40	600 000 unités
1,50	500 000 unités
1,60	400 000 unités
1,70	300 000 unités
1,80	200 000 unités

Il y a dix entreprises produisant chacune 100 000 unités au coût de 90 cents (y compris tous les coûts sauf une allocation pour les dividendes sur investissement), ce qui donne juste assez de marge à chaque entreprise pour lui permettre de continuer dans l'industrie. Quel effet immédiat sur les prix une combinaison composée de six entreprises pourrait-elle avoir, en supposant que le coût par unité de produit et que la production des indépendants restent inchangés ? Montrer pour chacun des prix indiqué quel serait le montant de la marge réalisée par les quatre concurrents indépendants (au total) et par le regroupement. Quels effets moins immédiats seraient susceptibles de suivre, et pourquoi ?

18. L'octroi de brevets constitue-t-il une ingérence dans le commerce comparable à celle des droits de douane ?

19. Est-il juste que l'heureux inventeur d'un jouet populaire gagne 100 $ par jour ?

20. Est-il juste qu'un inventeur puisse, en vertu des lois sur les brevets, maintenir les bénéfices de son entreprise à un niveau élevé ?

CHAPITRE 29
POLITIQUE PUBLIQUE EN MATIÈRE DE MONOPOLE

LES RÉFÉRENCES.

Anderson, BM, Jr. , Concurrence contre monopole : la question de la campagne. Indépendant, 73 : 997-1002. 1912.

Bolen, GL , Faits clairs concernant les fiducies et le tarif. 1902.

Brown, WJ , La prévention et le contrôle des monopoles. 1915.

Clark, JB , Le problème du monopole. 1904.

Clark, JB et *JM* , Le contrôle des fiducies. Éd., 1914.

Clark, JM , Tarifs des services publics. AE Rév., 1 : 473-487. 1911.

Collier, WM , Les fiducies. 1900.

Davies, JE , Lois sur les fiducies et concurrence déloyale. 1916.

Durand, ED , Le problème de la confiance. 1915. Voir aussi QJE, 28 : 381-416, 664-700. 1913-1914.

Durand, ED , La législation sur les trusts de 1914. QJE, 29 : 72-97. 1914-1915.

Ely, RT , Monopoles et fiducies. 1900.

Gray, JH , Le contrôle des sociétés de service public. AE Rev., 4 (n° 1, sup.) : 18-44. 1914. Table ronde ci-dessus, 45-68.

Hotchkiss, WE , Décisions de confiance récentes et affaires. AE Rev., 4 (n° 1, suppl.) : 158-172. 1914. Table ronde sur ce qui précède, 173-195.

Jenks, JW , Le problème de la confiance. 1900.

Knauth , *OW* , Capital et monopole. PSQ, 31 : 244-259. 1916.

Knauth , *OW* , Concurrence et capital. Ibid., 30 : 578-590. 1915.

Knauth , *OW* , La politique des États-Unis envers le monopole industriel. 1914.

LeRossignol , *JE* , Monopoles passés et présents. 1900.

Orth, SP (Ed.), Lectures sur la relation du gouvernement avec la propriété et l'industrie. 1915.

Ripley, WZ , (Ed.), Fiducies, pools et sociétés. Éd., 1916.

* *Livre source* , 383-385. La loi antitrust Sherman.

Stevens, WS , L'acte Clayton. AE Rév., 5 : 38-54. 1915.

La loi sur les commissions commerciales. Ibid., 4 : 840-855. 1914.

Commission industrielle des États-Unis , rapport. 1898-1901. 19 vol.

Wright CW , L'économie de la réglementation gouvernementale des prix. AE Rev., 3 (n° 1, suppl.) : 126-131. 1913. Table ronde sur cet article et celui de JM Clark, 132-142.

Wyman, Bruce , Contrôle du marché. 1911.

DES QUESTIONS.

1. Quel est le problème de confiance ?

2. Le public considère-t-il la croissance des fiducies comme une bonne ou une mauvaise chose ? Qu'en pensent les étudiants de la question ?

3. Selon vous, lequel des points de vue suivants est le plus proche de la vérité et pourquoi ? (a) La fiducie est un résultat naturel et inévitable des conditions modernes et constitue un gain économique distinct. (b) La fiducie est le résultat de privilèges spéciaux et d'abus d'entreprises. (c) La fiducie est la plus grande invention de cette époque ou de toute autre époque.

4. Serait-ce une bonne chose pour la société si un trust réalisait de grandes économies de production, évinceait ses petits concurrents et maintenait les prix exactement là où ils étaient auparavant, en répartissant entre ses actionnaires les sommes économisées ?

5. En quoi les effets sur la société seraient-ils différents si les prix étaient réduits grâce à une meilleure organisation et à la prévention du gaspillage ?

6. S'il pouvait être démontré que les trusts ont baissé les prix, cela devrait-il les exempter de toute ingérence de la législation ?

7. Décrivez brièvement les « pratiques déloyales » des sociétés monopolistiques. Quelles caractéristiques spécifiques de la récente législation sur les chemins de fer et les trusts visent à prévenir ces pratiques ?

8. Est-ce une bonne politique publique de permettre à une fiducie de vendre moins cher que son concurrent plus petit dans un district tout en maintenant ses prix ailleurs ?

9. La plupart des lois positives visent-elles à entraver la concurrence ou à la rendre plus libre ?

10. Copier des lois de deux États éloignés l'un de l'autre les articles relatifs à la législation antitrust ou antimonopole. Notez la nature générale de cette législation, ses particularités, les sanctions en cas de violation, etc., et discutez-en.

11. Quelles sont les principales dispositions de l'un des éléments suivants : (a) la loi antitrust de Sherman, (b) la loi sur les sociétés commerciales du Massachusetts, (c) les nouvelles lois sur les sociétés, en Angleterre, (d) la loi allemande sur les sociétés.

12. Résumez et discutez de la décision Northern Securities. Voyez-vous des arguments à avancer en faveur de la mutualisation ? Pensez-vous que la décision soit efficace pour arrêter la mutualisation ? Ripley (Ed.), Fiducies, pools et combinaisons.

CHAPITRE 30
PROPRIÉTÉ PUBLIQUE

Les références.

Bemis, EW , (Ed.), Monopoles municipaux. 1899.

Brooks, RC , Affaires municipales, 5 : 1-346. 1901. (Une bibliographie exhaustive et bien organisée sur tous les aspects des problèmes municipaux.)

Dewsnup , *ER* , L'attitude de l'État à l'égard des chemins de fer, une discussion sur la question de la nationalisation. AE Assn. Boul., 4e

Fairlie , *JA* , Extensions récentes des fonctions municipales dans la série, 1, no. 2 : 175-187. 1911. (Vol. de documents et discussions.)

États-Unis. AAA, 25 : 299-310. 1905.

Guyot, Yves , Où et pourquoi la propriété publique a échoué. Trans. par HF Baker. 1914.

Knapp, MA , Propriété gouvernementale des chemins de fer. AAA, 19 : 61-73. 1902.

Fédération Civique Nationale , Rapport sur l'exploitation municipale et privée des services publics. 1907. 3 vol. (Une étude monumentale réalisée par une délégation américaine, qui a visité de nombreuses villes d'Europe et d'Amérique ; favorable, pour l'essentiel, à l'extension de la propriété municipale.)

Winchell, BL , Dérive vers la propriété gouvernementale des chemins de fer. Atlan . Mo., 110 : 747-758. 1912.

Des questions.

1. Toute entreprise publique réduit-elle nécessairement le champ de l'entreprise privée et diminue-t-elle le degré de concurrence ?

2. Quelles formes d'activité étatique favorisent la survie d'hommes inaptes et présentant de mauvais traits de caractère ? Quelles formes aident les plus aptes à survivre ?

3. Que sont les franchises municipales ? Où sont-elles?

4. Pourquoi le public consent-il à accorder des brevets ou des franchises publiques ?

5. Quels types d'industries municipales avez-vous vu fonctionner ? Quel a été leur succès ?

6. Quels sont les principaux arguments pour et contre la propriété et le contrôle par la ville des réseaux de gaz et d'eau ? Quels problèmes naissent de la politique municipale ?

7. Nommez les industries détenues et contrôlées par les villes et villages dont vous avez une connaissance personnelle.

Lesquels d'entre eux sont les plus satisfaisants à votre avis ? Lequel le moins ?

8. Quel est le sentiment du public dans votre communauté d'origine quant à la propriété des industries par la ville ou la municipalité ?

CHAPITRE 31
QUELQUES ASPECTS DU SOCIALISME

LES RÉFÉRENCES.

Brooks, JG , Le problème du syndicalisme. AE Rev., 4 (n° 1, sup.) : 115-130. 1914. Table ronde ci-dessus, 131-157.

Clark, JB , Justice sociale sans socialisme. 1914.

Ensor, RCK , (Ed.), Socialisme moderne. 2e éd., 1907. (Sélections de sources socialistes.)

Gladden, Washington , Tools and the man. 1893. (Un exemple parmi un grand nombre de livres américains appelant à l'application de l'éthique chrétienne aux questions sociales.)

Hillquit , M. , Histoire du socialisme aux États-Unis. 1903.

Hillquit , M. , Le socialisme en théorie et en pratique. 1909.

Hinds, WA , communautés américaines. 2e éd., 1908. (Décrit de nombreuses expériences, tous des échecs ; par un sympathisant du socialisme.)

Kirkup , T. , Enquête sur le socialisme. 3e éd., 1907. (Une déclaration sympathique, mais pas partisane .)

Lockwood, GB , Le mouvement New Harmony. 2e éd., 1907.

Martin, John , Une tentative de définition du socialisme. AE Assn. Bul., 4e série, 1 (n° 2) : 347-354. 1911. Table ronde ci-dessus, 355-367.

Menger , A. , Le droit à la totalité du produit du travail. Trans. 1899. (Critique magistrale.)

Rae, John , Socialisme contemporain. 3e éd., 1901. (Ouvrage standard d'un non-socialiste.)

Schaeffle , A. , La quintessence du socialisme. Ed., 1898. (Exposition d'un non-socialiste, si favorable qu'elle est utilisée par les socialistes comme un tract.)

Spahr, CB , Répartition actuelle des richesses aux États-Unis. 1896.

Spargo, John , Socialisme. 1906. (Pro.)

Walling, NOUS , le socialisme tel qu'il est. 1912. (Pro.)

Walling, WE et autres, Le socialisme d'aujourd'hui. 1916. (Un livre source.)

Watkins, GP , Croissance des grandes fortunes. 1907.

Wells, HG , De nouveaux mondes pour les anciens. 1908. (Un appel pour une répartition plus juste ; école Fabienne.)

DES QUESTIONS.

1. En dernière analyse, existe-t-il quelqu'un – capitaliste à la retraite ou journalier non qualifié – dont le droit au revenu réel qu'il perçoit dérive uniquement de la propriété qu'il possède ou uniquement du travail qu'il accomplit ?

2. Qu'est-ce que gagner sa vie ? Combien de personnes le font ?

3. Si le capital est nécessaire à la production, pourquoi la question de la justice se pose-t-elle lorsque son utilisation est payée ?

4. Quelle est la doctrine des harmonies économiques ? Donnez trois exemples (distincts en nature) dans la législation moderne qui vont à l'encontre de cette doctrine, avec la justification de chacun d'eux.

5. Définissez la charité. Appliquez les principes généraux de la charité aux écoles gratuites, aux bibliothèques gratuites et aux vêtements gratuits pour les écoliers.

6. Qu'est-ce que la liberté économique ? Quelle différence avec la liberté politique ?

7. La coutume est-elle un meilleur régulateur de l'action économique que la concurrence ?

8. Que sont les droits acquis ? Est-ce qu'ils font parfois obstacle au progrès ? Exemples.

9. Distinguer les principes de distribution socialistes et compétitifs.

10. Quelles classes de penseurs sont les plus enclines à adopter le socialisme ? (Classes considérées socialement, industriellement, quant à la race, quant à la formation économique et historique.)

11. Si le socialisme réduisait le produit total, serait-il toujours souhaitable en raison d'une meilleure répartition ?

12. Quel effet cela aurait-il si l'État obligeait les ouvriers à travailler pour des employeurs qui échouent , à des salaires inférieurs à ceux de ceux qui réussissent ? Ou faut-il réduire les loyers des commerçants et des fabricants les moins compétents ?

13. Existe-t-il une règle permettant de déterminer les limites de l'ingérence de l'État ?

14. Si vous en aviez le pouvoir, quelle mesure publique que vous estimeriez réalisable et efficace inséreriez-vous dans les lois, afin de procéder à une répartition plus juste des revenus sociaux ? Donne des raisons.

15. La richesse des États-Unis est passée de 7 000 000 000 de dollars en 1850 à 188 000 000 000 de dollars en 1912. Comment cette richesse a-t-elle été répartie selon (a) la théorie socialiste de la valeur ? (b) la théorie de l'impôt unique ? (c) la théorie de la valeur dans des conditions concurrentielles ?

16. Quelles sont les principales manières par lesquelles la règle de la valeur concurrentielle a été annulée au cours de cette période ?

17. Le socialisme garantirait-il la stabilité ou la régularité de l'activité économique, éliminant ainsi les phénomènes de crises et de dépressions économiques ?

18. De quelle manière la fiscalité modifie-t-elle désormais la répartition des revenus réels entre les personnes ? Par quelles autres méthodes et dans quelle mesure une telle taxation pourrait-elle être étendue ?
